EDUCAR PARA A
ADOLESCÊNCIA

Conheça nossos clubes

Conheça nosso site

- @editoraquadrante
- @editoraquadrante
- @quadranteeditora
- Quadrante

Título original
Cómo educar al niño para su futura adolescencia

Copyright © Gerardo Castillo, 2019

Capa
Karine Santos

Dados Internacionais de Catalogação na Publicação (CIP)

Castillo, Gerardo.
Educar para a adolescência: como preparar seu filho para o futuro / Gerardo Castillo, tradução de Rafael Guedes – São Paulo: Quadrante Editora, 2024.

Título original: *Cómo educar al niño para su futura adolescencia*
ISBN: 978-85-7465-720-2

1. Educação 2. Psicologia do adolescente I. Título II. Autor

CDD–370 / 155.5

Índices para catálogo sistemático:
1. Educação – 370
2. Psicologia do adolescente – 155.5

Todos os direitos reservados a
QUADRANTE EDITORA
Rua Bernardo da Veiga, 47 - Tel.: 3873-2270
CEP 01252-020 - São Paulo - SP
www.quadrante.com.br / atendimento@quadrante.com.br

GERARDO CASTILLO

EDUCAR para a
ADOLESCÊNCIA

COMO PREPARAR SEU FILHO PARA O FUTURO

Tradução
Rafael Guedes

SUMÁRIO

PRÓLOGO
A EDUCAÇÃO PREVENTIVA DO ADOLESCENTE — 9

PRIMEIRA PARTE
PRESSUPOSTOS EDUCATIVOS DE UMA INFÂNCIA QUE PREDISPÕE PARA UMA ADOLESCÊNCIA MENOS PROBLEMÁTICA — 13

1
SER CRIANÇA EM UMA SOCIEDADE QUE DESVALORIZA A INFÂNCIA — 15

2
PRESERVAR A IDADE DA INOCÊNCIA — 19

3
OS REIS MAGOS EXISTEM — 27

4
VIVER A IDADE DE BRINCAR — 31

5
EDUCAR COM O ESPORTE — 37

6
AJUDAR NAS TAREFAS DOMÉSTICAS — 41

7
PAIS COM AUTORIDADE EDUCATIVA — 45

8
**ESTIMULAR O PROCESSO DE AMADURECIMENTO PESSOAL:
DO VERDE AO AMARELO** 51

9
PREPARAR PARA A FELICIDADE 55

10
**ESTIMULAR COMPORTAMENTOS DE LIBERDADE
RESPONSÁVEL** 59

11
APRENDER A AMAR O QUE SE FAZ 63

12
A ADVERSIDADE COMO FONTE DE ENGENHOSIDADE 67

13
ESTIMULAR COMPORTAMENTOS SOCIAIS 71

SEGUNDA PARTE
**PREVENÇÃO DE PROBLEMAS TÍPICOS DA ADOLESCÊNCIA
ATUAL** 75

14
A EFEBOLATRIA 77

15
SÍNDROME DE PETER PAN 81

16
OS NEM-NEM 87

17
PAIS EGÓLATRAS COM FILHOS SUBMISSOS 91

18
O VÍCIO EM NOVAS TECNOLOGIAS   95

19
A FALSA "LIBERDADE SEXUAL"   99

20
A OBSESSÃO PELA IMAGEM CORPORAL   107

21
A VULNERABILIDADE DOS ADOLESCENTES E JOVENS DAS NOVAS GERAÇÕES   113

22
MEDO NAS AULAS: O BULLYING   121

23
O COMPORTAMENTO NARCISISTA E A MODA DAS SELFIES   127

24
OS MAUS-TRATOS DE ALUNOS A SEUS PROFESSORES   135

25
OS MAUS-TRATOS FILIOPARENTAIS   139

26
A SÍNDROME DO PEQUENO IMPERADOR   147

27
O VÍCIO EM ÁLCOOL   155

28
O VÍCIO EM CELULAR   165

29
AMIZADES APENAS VIRTUAIS   169

**30
A DITADURA DAS MODAS** 177

**31
APOSTAS ESPORTIVAS E ADOLESCENTES VICIADOS
EM JOGOS** 181

**32
O NOVO "CARPE DIEM"** 185

REFERÊNCIAS BIBLIOGRÁFICAS 189

Prólogo
A EDUCAÇÃO PREVENTIVA DO ADOLESCENTE

O objetivo da educação preventiva é agir antes que surja um problema em qualquer fase evolutiva pela qual passem os nossos filhos. Busca-se criar condições para que ele não apareça, ou que, pelo menos, não apareça de forma drástica. A orientação educativa não pode se limitar a ser corretiva ou reparadora: deve oferecer respostas mais amplas, de acordo com as demandas de uma sociedade que muda rapidamente.

O princípio da prevenção se apoia na necessidade de preparar as pessoas para a superação de possíveis crises de desenvolvimento, promovendo competências pessoais. Desse modo, a orientação adquire um caráter proativo, que possibilita a identificação precoce de fatores de risco em muitas condutas impróprias: falta de comunicação com os pais; fracasso escolar; abandono dos estudos; alcoolismo; tabagismo; vício em drogas; sedentarismo; *bullying* escolar; maus-tratos filioparentais; vício em celular etc.

M. Toscano destaca a necessidade de educar para a prevenção: "Cansados de resgatar jovens de vícios nocivos, um dia nos perguntamos a nós mesmos: por que isso acontece? Por que tem de ser assim? A educação não é apenas um meio de aprendizado de novos conhecimentos, mas também um dispositivo de prevenção destinado a evitar males em potencial que podem se transformar em males reais se não houver uma intervenção a tempo. Educar para a prevenção, com metodologia e ferramentas, para que professores, pais e alunos possam identificar a tempo algum indício de conduta patológica nos adolescentes, de modo a evitar danos reais por falta de uma intervenção no momento certo, mudando o roteiro corrente que é a abordagem tardia do problema, como acontece na maioria das vezes".[1]

A autora sugere que, antes da adolescência, seja aberto um espaço permanente de diálogo entre pais e filhos, bem como entre professores e alunos, para prevenir problemas futuros. Ela esclarece que isso exige entender sem julgar, escutando, respondendo todas as perguntas, estabelecendo limites e trocando hábitos destrutivos por hábitos criativos.

É preciso educar de modo a preparar cada criança para uma boa transição da infância para

---

[1] Mónica Toscano, *Adolescencia: actuar antes de que los hechos sucedan*, ArcoPress, Madri, 2006, pp. 14-17

a adolescência, e desta para a juventude e a fase adulta — uma educação assertiva da liberdade que evite tanto a conduta conformista quanto a rebeldia negativa.

A fase da adolescência inclui flexibilizar as exigências aos poucos, para que os filhos aprendam a dizer não às coisas que não são convenientes para eles, por mais atraentes que sejam. É preciso dar-lhes pequenas responsabilidades, desde pequenos, ajustadas segundo a idade. Por exemplo: que troquem na loja algo que quiseram comprar sozinhos e que não serviu, ou que deixem o banheiro arrumado depois do banho.

A ansiedade típica da adolescência, causada pelas fortes e repentinas mudanças físicas e psíquicas dessa fase, pode ser amenizada se a criança já tiver algumas expectativas na infância. Em outras palavras, explicar para a criança o que provavelmente acontecerá com ela a partir dos 11 ou 12 anos servirá para que nem tudo a surpreenda ou desestabilize. Não se trata de "profetizar" ou adivinhar o futuro da criança, mas informá-la sobre certas caraterísticas típicas da adolescência, por que elas ocorrem e que sentido têm para o desenvolvimento psicofísico e para o amadurecimento da personalidade.

Sugiro, por exemplo, uma explicação assim: "Não estranhe se chegar um dia em que você terá vontade de dizer 'não' para quase tudo o que os seus pais lhe pedirem; em que você se rebelará contra as normas familiares ou as regras da escola; em que guardará para si o que pensa ou sente; em que pensará que ninguém o compreende nem o ama. Essas coisas não vão durar para sempre e costumam acontecer com todos os meninos e meninas da sua idade — não só com você. São indícios de que você está saindo da simples imitação e dependência dos mais velhos para ser você mesmo e começar a crescer." É algo semelhante à mobilidade progressiva da criança pequena: é preciso primeiro engatinhar, para depois caminhar.

Primeira parte

PRESSUPOSTOS EDUCATIVOS DE UMA INFÂNCIA QUE PREDISPÕE PARA UMA ADOLESCÊNCIA MENOS PROBLEMÁTICA

1
SER CRIANÇA EM UMA SOCIEDADE QUE DESVALORIZA A INFÂNCIA

Sabemos que a criança de hoje é diferente da criança de épocas passadas. Embora seja essencialmente a mesma, a criança adquire novas identidades por influência do contexto social em que vive. Em Samoa, as pesquisas da antropóloga norte-americana Margaret Mead revelaram que a personalidade da criança costuma ser definida de acordo com o ambiente em que ela foi criada.

Como os contextos sociais do presente afetam o desenvolvimento infantil? As crianças de hoje são mais ou menos felizes do que as crianças do passado? A infância continua a ser a idade mais dependente e menos problemática?

Para responder a essas perguntas, sugiro refletirmos sobre a vida de muitas das crianças de hoje. Essas crianças não estão na rua, mas em espaços fechados, onde passam muitas horas diante de uma tela; ocupam quase todo o tempo livre fazendo atividades extracurriculares impostas pela escola ou pelos pais, devido a um medo excessivo de que, mais tarde, fracassem em uma sociedade muito competitiva; já não se divertem com brincadeiras tradicionais ou inventadas por elas próprias e ao ar livre: "Papai, estou jogando futebol na praça com os meus amigos." Agora, os jogos são virtuais: "Papai, estou jogando futebol *on-line*."

A ideia tradicional de infância como a idade da inocência está desaparecendo devido, sobretudo, à informação excessiva e desgovernada que chega à criança através de seu celular ou tablet. É uma pena que esteja se perdendo a verdadeira infância — aquela que costuma ser lembrada em fases posteriores como uma época alegre e feliz. Aquela que o poeta espanhol Antonio Machado evocou com nostalgia no poema "Retrato": "Minha infância são lembranças de um pátio de Sevilha/ e um pomar claro onde crescia o limoeiro." Muitos anos depois, Machado voltou a evocá-la em seu último verso, encontrado por acaso após a sua morte no exílio em Collioure, em um papel dobrado que levava no bolso: "Estes dias azuis, e este sol da infância."

A infância dos dias atuais deixa marcas e lembranças que são fonte de felicidade? Na minha opinião, isso é raro, mas há exceções. Depois de se aposentar, o diretor de cinema Robert Redford fez filmes apenas para crianças, movido pela nostalgia da infância perdida: "A infância é um mundo de magia. Quero recuperar essa magia, que está sendo roubada pela tecnologia; quero despertar, dessa forma, a criança que carrego dentro de mim."

A infância, hoje em dia, não é mais vista como "ser criança", mas como "ainda não ser adulto". O fácil acesso a imagens virtuais transforma as crianças em consumidores e faz com que elas valorizem mais a informação obtida na internet do que as diretrizes e normas estabelecidas na família e na escola.

As crianças de agora acreditam que não precisam da ajuda dos adultos para adquirir informação. Sentem-se autossuficientes e pensam que, com o computador, podem saber tudo. Essa atitude está gerando problemas inéditos de comportamento nessa fase do desenvolvimento, como, por exemplo, déficit de atenção, hiperatividade, ansiedade, baixa autoestima e fobia social. O pedagogo Mariano Narodowski (1999) afirma que a cultura midiática está provocando uma fuga da infância e gerando novas identidades infantis, como a infância "hiper-realizada".[1] As crianças atravessam a infância de forma vertiginosa, de mãos dadas com as novas tecnologias, adquirindo um saber instrumental — mas carente de reflexão — superior ao de muitos adultos.

---

1 Infância caracterizada pelo acesso e consumo de novas tecnologias digitais — NT.

Estamos assistindo à redefinição da infância, sobretudo no período que vai dos seis aos quinze anos, considerado tradicionalmente a "idade escolar", pois nessa fase a criança sente grande curiosidade e ânsia de aprender. Mas isso está mudando. Hoje em dia, muitas crianças passam várias horas no computador não para aprender e saber mais, mas simplesmente para se informar sobre curiosidades e se divertir.

As novas tecnologias potencializam certas habilidades que podem ser aplicadas à aprendizagem (por exemplo, a criação de gráficos), mas freiam talentos necessários para um crescimento saudável, como a imaginação. Além disso, o excesso de tempo dedicado à internet tira o tempo que seria dedicado ao estudo e à leitura.

As crianças hiper-realizadas não são necessariamente precoces. A sua aparente maturidade revela simplesmente uma infância que foi desvirtuada (privada de seu valor e de suas principais características).

Uma possível forma de sair dessa situação: menos internet e celular, mais ócio criativo. Os pais e professores têm aqui um grande desafio.

2
PRESERVAR A IDADE DA INOCÊNCIA

No dia 19 de fevereiro de 2016, aos 89 anos, morreu Harper Lee, autora do famoso romance autobiográfico *O sol é para todos*, que ganhou o prêmio Pulitzer. Foi a sua primeira obra publicada (em 1960, quando a autora tinha 34 anos). Antes disso, ela era desconhecida. Adaptada para o cinema anos depois com o mesmo título, conquistou prêmios em três categorias do Oscar.

O romance é um libelo em prol da igualdade e contra o racismo, e descreve um episódio da segregação racial nos Estados Unidos: o honesto advogado e pai de família Atticus Finch defende um homem afro-americano, Tom Robinson, acusado falsamente de ter estuprado uma mulher branca, no contexto de um sul muito racista. A história se desenvolve ao longo de três anos, em um povoado do Alabama.

No enredo, diversas crianças têm um grande protagonismo. Lee utiliza como narradora a pequena Scout Finch, uma menina de seis anos, filha de Atticus, que vive com o seu irmão Jim.

Ambos são amigos de outra criança, Dill. As três presenciam em segredo o julgamento de Tom, na varanda reservada aos negros, e ficam chocadas ao verem o júri considerar Tom culpado, apesar de sua evidente inocência.

A mensagem principal do romance é a perda da inocência, insinuada já no título.[1] Aparece pela primeira vez quando Atticus avisa aos filhos que, embora possam atirar em gralhas azuis com as suas espingardas, não podem matar rouxinóis, pois é "pecado matar um rouxinol".

O rouxinol é um pássaro muito pequeno (mede cerca de 15 centímetros do bico à cauda). É um virtuose de canto forte, sustentado, melodioso, com grande variedade de notas. Canta, inclusive, à noite. É símbolo encontrado em muitas culturas, que lhe atribuem diferentes significados: alegria, partilha, prazer em agradar e fazer os outros felizes. Além disso, é um especialista em migração que se adapta a qualquer lugar — um espírito livre, que não se prende a nada. Geralmente, esse pássaro se recusa a cantar em cativeiro.

Harper Lee utiliza a figura do rouxinol para simbolizar a inocência. A pequena Scout quer saber por que é tão grave matar o pássaro, e encontra a resposta em sua vizinha Maudie, que explica que os rouxinóis não causam nenhum mal a ninguém

---

[1] O título original do romance é *To kill a mockingbird*, que em tradução literal seria "Matar um rouxinol" — NT.

e a única coisa que fazem é cantar com todo o seu coração para o nosso deleite.

O escritor Edwin Bruell explicou esse simbolismo, mostrando que matar um rouxinol é matar aquilo que é inocente e pequeno. Outros escritores comentaram que as impressões que tiveram ao ler *O sol é para todos* eram as mesmas que tiveram quando crianças.

Por que uma história simples fez tanto sucesso, ao ponto de, um ano depois de sua publicação, ter sido traduzida para 40 idiomas? Um dos motivos mais apontados é que a autora soube sensibilizar os leitores para o principal problema da sociedade americana da época: a injustiça da segregação racial e da negação de direitos civis às pessoas negras. Outro motivo é que o livro ajudou a recuperar a imagem de inocência e generosidade na qual os americanos sempre se reconheceram como comunidade.

Nessa história, coexistem três tipos de inocência perdida: a das crianças, que assistem perplexas à condenação de um inocente; a do adulto bom, que se decepciona com o julgamento injusto e cruel; e a da comunidade americana, que esqueceu que foi moldada com virtudes morais.

A inocência própria das crianças que ainda não adquiriram o uso da razão é a ausência de malícia. Ainda não conhecem a falsidade e o fingimento. É uma idade marcada por uma visão otimista do mundo, talvez como um contrapeso necessário à turbulenta vida que espera os pequenos adiante. As crianças são puras de mente e de coração; têm muita capacidade de perdoar; são simples, carinhosas e crédulas; têm um desejo contínuo de aprender.

A inocência infantil não corresponde à imagem que muitos adultos têm dessa inocência. Eles a veem como ignorância, imaturidade e ingenuidade, algo que deve ser corrigido o quanto antes, apesar de as crianças resistirem a abandonar as crenças que guardam na imaginação.

A ignorância deve ser superada e descartada, mas a inocência deve ser protegida e recuperada ao longo da vida. É possível ser inocente e muito experiente ao mesmo tempo.

Para o padre, neurologista e psiquiatra espanhol Juan B. Torelló, "a brincadeira, o riso e as cantorias das crianças não são apenas símbolos de uma vitalidade espontânea ou formas de expressão de sua inteligência e personalidade incipientes, mas uma realização particularmente exemplar da vida humana, que corresponde muito mais ao projeto do Criador do que a nossa seriedade e atividade".

A inocência da criança não é incompatível com pequenas travessuras. Forges, o desenhista de humor, descreve uma mulher com um filho mimado na consulta pediátrica. O menino fica pulando sem parar, porque os jalecos brancos o deixam nervoso. Nessa agitação, ele pisa no pé do médico, que decide mudar o tratamento: "Vamos tirar as vitaminas e dar a ele umas boas palmadas a cada seis horas."

A criança é fragilidade e, por isso mesmo, dependência, falta de autonomia, ausência de méritos próprios. Se não perdeu prematuramente a inocência, que é a alma de sua infância, não perde o ânimo jamais. O escritor espanhol Juan Ramón Jiménez evocou a sua própria infância valendo-se do símbolo de um pássaro que ouvia cantar em um jardim. Esse jardim é o espelho de uma infância solitária, mas feliz e inocente: "Jardim fechado por árvores, onde um pássaro cantava/ por entre o verdor tingido de melodiosos tons de ouro;/ brisa suave e fresca, pela qual me chegava/ a música distante da praça de touros."

Jiménez também captou o estado de inocência em *Platero e eu*: "Que encanto, este das imaginações da infância, Platero, que eu não sei se tens ou tiveste! Tudo vai e vem em deleitosas transformações. Olha-se para tudo e não se vê mais do que uma imagem momentânea da fantasia... E andamos meio cegos, olhando tanto para dentro quanto para fora, derramando às vezes, na sombra da alma, a carga de imagens da vida, ou abrindo ao sol, como uma flor verdadeira, colocada em uma fronteira real, a poesia, que depois nunca mais se encontra, da alma iluminada."

No caso de Charles Chaplin, a sua criação máxima é o vagabundo de *Luzes da Cidade*. É um grande retrato da inocência, embora não exista nada mais difícil do que ser um pouco criança quando já somos adultos. Chaplin vira um bebê grande. O seu personagem é um grande coração com passos desajeitados e bengala inquieta, olhos vivos e olhar inocente e bondoso.

O amadurecimento não deve ser visto como o abandono do valor da "inocência". A pesquisadora e escritora canadense Catherine L'Ecuyer, radicada na Espanha, destacou, em uma entrevista, a importância da inocência e da primeira infância, pois "estamos pulando essa etapa do desenvolvimento da pessoa e esquecendo que os pequenos não são adultos incompletos, mas crianças". L'Ecuyer disse ainda que nessa etapa da vida é preciso estimular "a brincadeira, a imaginação e a criatividade", e alertou sobre os riscos de se "encurtar a infância", pois, "se a infância não for vivida no momento certo, ela o será mais tarde, e então teremos o infantilismo dos adultos".

Pular a idade da inocência equivale a silenciar um rouxinol. Para silenciar um rouxinol, não é preciso matá-lo. Basta prendê-lo em uma gaiola. Para silenciar uma criança, basta interferir em sua inocência ou desvirtuá-la, lançando-a prematuramente ao mundo exterior. Isso costuma acontecer quando ela assiste à televisão sozinha; entra na internet sem nenhum controle dos pais; recebe informação deformadora sobre o sexo; folheia revistas de conteúdo erótico no porta-revistas de sua casa; ou presencia cenas de impudor (por exemplo, andar meio nu em casa ou se despir na presença dela). É uma insensatez que alguns pais se comportem assim na frente dos filhos, como se estivessem sozinhos.

Na exortação evangélica que nos convida a sermos "como crianças" (Mt 18, 3), não é sugerido que o adulto se transforme em uma pessoa imatura que não é capaz de distinguir com clareza o bem e o mal. Não se trata de incentivar infantilismos nem de estimular a ingenuidade; tampouco de um processo de regressão e de fixação na fase infantil. Consiste, isto sim, em integrar as atitudes positivas das crianças na vida adulta.

O que significa "ser como criança"? A criança é um verdadeiro modelo para a vida espiritual por uma série de atitudes e virtudes, que nela são normais enquanto ainda não deixou de ser "criança". Por exemplo: a simplicidade (ausência total de falsidade, de complicação e de segundas intenções); a sinceridade (diz o que sente, não falsifica as coisas); a confiança nos pais; o espanto e a curiosidade (tudo a surpreende e causa admiração, tudo é novo para ela); a disponibilidade (está aberta a tudo); e o sentido filial (dependência amorosa dos pais).

3

OS REIS MAGOS EXISTEM[1]

— Os Reis Magos existem, não é?

Essa pergunta é típica da criança que começa a duvidar da existência dos Reis Magos e sente a necessidade de dissipar a dúvida o quanto antes. Ela recorre ao pai ou à mãe para que lhe garantam que esses seres maravilhosos, que enchem a sua alma de entusiasmo e felicidade (e não apenas pelos presentes), realmente existem.

Qualquer resposta a essa pergunta tem os seus inconvenientes. Dizer "sim" seria mentir, e, além disso, expor-se ao risco de tempos depois uma criança maior contar a verdade. Dizer "não" seria desiludi-la bruscamente, e, além disso, decepcioná-la, por ter sido enganada por tanto tempo. Uma terceira possibilidade é dizer que os Reis Magos não existem agora, mas que existiram e continuam a nos enviar presentes através de seus ajudantes ou mensageiros atuais, encarregados dessa tarefa pela tradição.

---

1 Na Espanha, as crianças acreditam que quem lhes deixa os presentes são os Reis Magos, no dia 6 de janeiro. Nós podemos ler o capítulo fazendo as devidas adaptações para a pergunta "Papai Noel existe?", e para a verdadeira história de São Nicolau — NE.

Essa explicação é plausível, mas, para uma criança especialmente esperta, pode não bastar. Ela pode perguntar novamente: "Existiram como personagens de uma lenda ou conto, ou como seres reais?" Isso exige que os pais estejam bem informados.

Bento XVI, em seu livro *A infância de Jesus*, afirma que o relato evangélico dos Reis Magos é histórico e não apenas uma narração catequética da primeira comunidade cristã. Os homens citados por Mateus não eram apenas astrônomos: "Eram sábios; portavam o dinamismo inerente às religiões de ir além de si mesmas; um dinamismo que é busca da verdade, busca do verdadeiro Deus e, portanto, filosofia, no sentido original da palavra."

O Santo Padre acrescenta que a tradição da Igreja leu a história dos Reis Magos à luz do Salmo 72, 10 e de Isaías 60. "E, assim, os homens sábios do oriente se tornaram reis, e os camelos e os dromedários entraram com eles na gruta (nas representações do presépio)."

Voltando ao tipo de resposta para a criança que pergunta sobre a existência dos Reis Magos, fico com a terceira proposta: existiram e continuam a nos enviar presentes através da tradição.

É ruim mentir para as crianças, mesmo que seja com boa intenção. Se dissermos que os Reis Magos não existem, elas podem ficar decepcionadas, mas a decepção diante da mentira seria muito maior e pode durar toda a vida. Devemos sempre dizer a verdade a elas, mas sabendo que existem formas boas e ruins de dizê-la: nunca de maneira brusca e fria, mas aos poucos, com delicadeza e carinho.

Um exemplo: quando Jesus nasceu, uns personagens chamados Reis ou Magos do Oriente foram visitá-lo, para adorá-lo e levar presentes. Apesar de não estarem mais na Terra, eles continuam a influenciar as crianças, que, devido à sua inocência, são semelhantes ao Menino Jesus. Como os Reis não podem alcançar todas as crianças do mundo para enviar os seus presentes, eles se valem da ajuda de novos mensageiros, os pais das crianças. Nós, pais, gostamos que os nossos filhos recebam presentes, assim como Jesus recebeu.

O motivo de a crença nos Reis Magos ser tão difundida está no fato de que, através dela, as crianças são atraídas pelo Mistério e vivem em um mundo de sonhos e fantasia. Mas não é uma crença exclusiva de crianças: muitos adultos também creem.

> Eu acredito nos Reis Magos [...]. A Noite de Reis e as demais festas natalinas são um mecanismo de adaptação social. Conservar rituais, como a carta de pedidos, a Folia de Reis, a rosca natalina, o Presépio e a árvore com os seus enfeites, é útil do ponto de vista social, mesmo que a fé no seu significado tenha se perdido. Esses rituais compartilhados são a matéria-prima com

> que as lembranças são construídas. E as lembranças das experiências comuns são o cimento que une as famílias. (A. Gonzalez-Sinde)

Recomenda-se orientar as crianças na hora de escrever a carta aos Reis Magos. É aconselhável fazer o seguinte: ler para elas as cartas dos pais; incentivá-las a pedir poucas coisas, sem se deixar influenciar pela publicidade; os brinquedos pedidos devem ser variados, para que aumentem as chances de diversão; se pedirem jogos eletrônicos, os pais devem estabelecer as condições do uso de telas (limite de tempo e lugares onde poderão jogar); ao falar de seu comportamento no último ano, as crianças devem reconhecer que nem tudo o que fizeram foi correto e acrescentar propósitos de melhora; e estimulá-las a pedir pelo menos um livro.

Relatos como o dos Reis Magos desenvolvem a curiosidade e a imaginação das crianças e transmitem valores morais de forma bela e atraente.

4
VIVER a IDADE DE BRINCAR

As crianças brincam cada vez menos. Refiro-me às tradicionais brincadeiras de rua, com outras crianças. Essas brincadeiras estão sendo substituídas por entretenimentos tecnológicos que não são brincadeiras, já lhes faltam a liberdade e a criatividade próprias do lúdico. Na brincadeira autêntica, a criança pode decidir por si mesma o enredo, as regras, o início e o fim.

Trata-se de um fato inédito, pois a brincadeira é uma atividade natural da infância, de caráter universal, uma vez que pode ser observada em todas as épocas e sociedades. As crianças brincam desde sempre.

O atual desaparecimento da brincadeira é uma catástrofe cultural à qual não estamos prestando a devida atenção, apesar de já causar graves consequências no desenvolvimento evolutivo do ser humano.

Para que serve a brincadeira?

A brincadeira serve para aprender, pois a criança aprende brincando. Através da brincadeira a criança explora, estimula a curiosidade, aumenta a experiência, desenvolve a linguagem e a criatividade, aprende a resolver pequenos problemas, ensaia alguns papéis sociais etc.

O neurologista e psicólogo suíço Édouard Claparède destacou a função da brincadeira no desenvolvimento da personalidade. Em resposta a uma pergunta sobre a função da infância, ele disse: "A infância serve para brincar". Em sua obra *A escola sob medida* (1921), Claparède propõe que a educação deve se adaptar aos interesses e necessidades da criança.

Em 1938, o historiador e linguista holandês Johan Huizinga publicou *Homo ludens*, ensaio sobre a função social do jogo, da brincadeira. Ele argumenta que o ato de jogar e brincar é consubstancial à cultura humana: sem uma atitude lúdica, nenhuma cultura seria possível.

A brincadeira é o trabalho da criança, e os brinquedos, as suas ferramentas; isso explica por que ela os leva tão a sério e por que não perde a concentração com tanta facilidade. Essa brincadeira-trabalho estimula o crescimento físico e mental, a imaginação, a criatividade, os laços sociais e a vontade de persistir. Esta última qualidade é exercitada porque a criança costuma não abandonar uma brincadeira até atingir a meta proposta; ela nunca se dá por vencida.

Por que as crianças de hoje brincam cada vez menos?

Uma primeira causa é a falta de tempo. Muitos pais investem excessivamente nas atividades extracurriculares. Há uma tirinha que ilustra um diálogo entre a criança e o seu pai:

— Papai, segunda-feira tem inglês, terça tem informática, quarta, piano, na quinta inglês de novo e, na sexta, chinês. Que dia vou poder sair para brincar na rua?

— Brincar? Não seja infantil.

Os pais continuam a acreditar que a criança é um adulto em miniatura. Ficam obcecados com o futuro profissional de seus filhos, de modo que toda preparação seria insuficiente. Exigem que os filhos não percam tempo (brincando, por exemplo) e que aproveitem cada segundo para acumular conhecimentos através de múltiplas atividades extracurriculares. Ignoram que brincar desenvolve competências e prepara melhor para a vida do que muitas atividades. Ignoram, também, que esse angustiante plano de vida gera crianças estressadas.

Outra causa significativa do esquecimento da brincadeira é o acesso a eletrônicos desde os primeiros anos. As crianças entram precocemente no mundo das diversões sedentárias e individualistas, que podem causar dependência (sobretudo os jogos eletrônicos) e favorecem o isolamento e a obesidade. Quando Steve Jobs era diretor da Apple, ele próprio limitava o tempo que os filhos podiam dedicar a iPads e iPhones, para evitar que os aparelhos causassem algum mal. Jobs preferia que os filhos se interessassem por leitura.

Existe um forte contraste entre o tempo de lazer das crianças do passado e as de hoje. Conta-se que uma dessas crianças de antigamente costumava brincar desenhando triângulos por todos os cantos da casa. Um belo dia, a sua mãe lhe corrigiu, enérgica: "Pitágoras! Apague esses rabiscos agora mesmo e vá fazer a tarefa de geometria! Se continuar pintando essas bobagens, você nunca será um homem de valor! Será um zé-ninguém!"

Conta-se, também, que uma criança dos dias de hoje estava tão "vidrada" nos jogos eletrônicos que costumava perder a noção do tempo. Certo dia, depois de passar três horas conectada, a mãe pediu que parasse um pouco. A criança resistiu, ficou furiosa e desatou a chorar. O problema maior veio depois que o computador foi desligado: "Mamãe, e agora, o que eu faço?"

Não vale imitar um avestruz e se esconder num buraco toda vez que o jornal der más notícias sobre as crianças, como, por exemplo, crimes abomináveis de pedofilia ou o escândalos de pederastia.

Também não basta colaborar esporadicamente com algum dinheiro em alguma campanha benéfica, do tipo "Nenhuma criança sem brinquedo" (que, em si, é uma ideia admirável). Pior do que uma criança não ter brinquedo, é não sentir o desejo de tê-lo e brincar cada vez menos, como possível efeito de ser um nativo digital: aquele que abusa dessa nova forma de se comunicar e "brincar" com o exclusivismo de um fanático.

Para fazer com que a criança não desperdice as possibilidades formativas da brincadeira, é necessário limitar o tempo que ela passa na internet em casa e na escola. Para evitar uma provável síndrome de abstinência, é necessário preparar alternativas lúdicas mais eficazes do que os jogos eletrônicos. Dou um único exemplo de atividade bem-sucedida: as partidas e campeonatos de xadrez em família e na escola.

Qual é o futuro das crianças que não brincam?

Se a infância serve para brincar, as crianças que não brincam desenvolvem deficiências psicossociais que dificultam a sua integração em fases posteriores.

Na adolescência e juventude, essas crianças evitam o exercício físico e a convivência; não agem com imaginação, determinação e iniciativa nas decisões; são incapazes de seguir regras;

ficam entediadas no tempo livre, porque não sabem se divertir sem a muleta dos aparelhos eletrônicos.

Quando entrarem no mercado de trabalho, as empresas exigirão competências emocionais que se desenvolvem por meio das brincadeiras, como o autocontrole, a automotivação, o trabalho em equipe, a comunicação e a empatia.

A brincadeira pode ser o primeiro mestrado.

5
EDUCAR COM O ESPORTE

Há muitos testemunhos que falam por si sobre os valores do esporte e de como esses valores são internalizados por quem pratica alguma modalidade, principalmente quando tem o apoio da família. Um deles é o do tenista Rafael Nadal.

Rafael Nadal foi treinado desde a infância por seu tio e mentor Toni, que o instruiu nas técnicas do tênis enquanto lhe incutia os valores do esporte. Essa conjunção de objetivos foi decisiva para a formação do grande campeão. Segundo Toni, o que sempre diferenciou Nadal dos demais tenistas é a sua força de vontade, a sua coragem e o seu espírito de superação. Esses valores foram a colheita das sementes plantadas por seus avós, seus pais e seu treinador. Eles ajudaram Nadal a moldar sua personalidade e a crescer em força, disciplina e humildade.

Quando o sobrinho começou a ganhar partidas, Toni o alertou: "Você se saiu muito bem, mas não se vanglorie. O tênis é apenas passar a bolinha por cima de uma rede." Toda vez que treinava ou jogava, Nadal carregava o próprio equipamento e deixava o vestiário tão arrumado quanto o havia encontrado. Ainda hoje, depois de ter se tornado o número um, ele faz a mesma coisa.

A simples prática de esporte não garante o desenvolvimento de valores. O aspecto educativo do esporte não consiste somente na aprendizagem das técnicas e habilidades, mas no empenho do praticante em adquirir bons hábitos visando ao seu aperfeiçoamento pessoal.

O esporte tem um caráter formativo quando permite desenvolver tanto os aspectos psicomotores quanto os socioafetivos; quando concebe a competição como superação de si mesmo, e não como enfrentamento aos outros.

A prática esportiva bem orientada incentiva a integração social de pessoas muito diferentes; produz um senso de pertencimento entre os membros da equipe; estimula o compromisso com algo ou alguém; e promove o autoconhecimento, que permite identificar as próprias capacidades e limitações.

Numa época em que tanto se lamenta a crise social de valores, não se pode desperdiçar o melhor meio para desenvolvê-los de modo natural e estimulante: o esporte formativo. Cada colégio e cada família deve ser (segundo as suas possibilidades) uma escola de valores esportivos. Mas já não são? Em muitos casos, não. A educação física costuma ser mais "física" do que educativa.

Em defesa dos pais e professores, é preciso dizer que o ambiente social não ajuda: o modelo predominante valoriza muito mais a técnica e a força física do que os valores sociais e éticos. Além disso, existe uma mentalidade geral de que o esporte (especialmente o competitivo) se justifica apenas por seus resultados, como indicam expressões do tipo: "Importante é vencer, não importa como." Só se valoriza a maturidade pessoal proporcionada pela prática esportiva nas idades de formação.

Com essa mentalidade, não é de se estranhar que as crianças e adolescentes de hoje se deparem com maus exemplos dentro e fora das quadras, exemplos que não as motivam a descobrir e viver valores. Um desses exemplos é o de pais *hooligans*, membros de torcidas organizadas, que são fanáticos por um time de futebol e provocam brigas de gangues.

Ultimamente, o mau exemplo também se aplica a alguns pais que acompanham os filhos pequenos em jogos. Ao longo da partida, o pai "árbitro" corrige as decisões do juiz da competição aos gritos, e o pai "treinador" não para de dar instruções ao filho. Em certos casos, os pais incorrem em comportamento agressivo mesmo entre si, virando notícia na seção policial dos jornais.

Uma tirinha de Ferrán faz referência a esse problema. Um pai entra em um ginásio de esportes acompanhado dos filhos pequenos e se depara com um aviso:

PROIBIDA A VIOLÊNCIA FÍSICA E VERBAL NO RECINTO

— Essa proibição é para os jogadores? — pergunta o pai.

— Não, é para os pais — responde um dos filhos.

6
AJUDAR NAS TAREFAS DOMÉSTICAS

Pesquisas recentes descobriram que muitos profissionais brilhantes e altamente qualificados ajudavam nas tarefas domésticas durante a infância e a adolescência. Isso ocorre porque a experiência de ajudar em casa estimula as crianças e adolescentes a terem mais confiança em si mesmos, a serem mais trabalhadores e a fortalecerem o caráter, o que favorece a aprendizagem.

Marty Rossman, professor da Universidade de Minnesota, nos Estados Unidos, e autor de um estudo sobre a importância das tarefas domésticas, descobriu que um dos fatores-chave para predizer se uma criança terá sucesso — pessoal e profissional — no futuro é descobrir se ela tem ou não responsabilidades em casa.

A pesquisa de Rossman defende que as tarefas domésticas dão às crianças um senso de competência e de serviço aos demais, que é próprio da família. O pesquisador acrescenta que, quando não se pede aos filhos que façam algo em casa, eles pensam que todos devem estar ao seu serviço e crescem com uma ideia distorcida da vida.

As crianças de hoje estão mais acostumadas a receber do que a dar. Os pais as deixam sozinhas para brincar com videogames, navegar na internet ou assistir à televisão, sem nenhum controle ou exigências.

Quando as crianças colaboram em casa, aprendem que sua presença na família tem valor e que, além disso, têm uma responsabilidade para com os seus familiares. Esse ensinamento pode passar em branco se os pais não valorizarem as tarefas do lar.

É aconselhável que as crianças comecem a ajudar em casa já na primeira infância, pois os pequenos adoram trabalhar com os pais e imitá-los. Se esperarem que elas cheguem à adolescência para pedir que ajudem, é provável que não entendam.

É fundamental adaptar as tarefas à idade e ao gosto de cada filho e apresentá-las como uma prova de confiança e uma forma de solidariedade com a família, e não como mera obrigação.

Em alguns casos, convém dar-lhes determinada tarefa para corrigir um defeito. Por exemplo: pedir a um filho muito desorganizado que organize diariamente o quarto de brinquedos. Algumas mães não compreendem esse critério: "É uma tarefa absurda, porque a criança vai fazer tudo errado. Prefiro eu mesma fazer", dizem. Essa incompreensão provém do fato de a mãe priorizar a eficácia (a casa bem organizada) e não o aperfeiçoamento da pessoa (a educação do filho).

Convém explicar a cada filho que ele não deve enxergar essa tarefa como a sua única ajuda familiar. O aspecto educativo não consiste somente em realizar uma tarefa concreta, mas em compartilhar a responsabilidade de manter viva a chama do lar.

7
Pais com autoridade educativa

Há uma tendência de acabar com o papel paterno tradicional, ligado à autoridade. O psicólogo David Guttmann classifica essa tendência como "desculturação da paternidade". Isso foi possível porque muitos pais escutaram o canto da sereia daqueles que apresentavam a autoridade como autoritarismo e repressão. Na tentativa de evitar esse perigo, muitos caíram na armadilha da superproteção. Não perceberam que fazer as coisas pelo filho é impedir que ele aprenda a se virar sozinho.

De acordo com J. L. Pinillos, psicólogo e professor espanhol, a autoridade bem compreendida é a que "promove a autonomia responsável e a independência criadora". Essa autoridade não está centrada nos pais, mas nos filhos, uma vez que parte de suas necessidades e incetiva a sua participação. Além disso, substitui a exigência externa pelo incentivo à autoexigência.

A autoridade paterna tem um aspecto positivo e incentivador; é um impulso para desenvolver comportamentos de cooperação, reforçar boas ações e fomentar virtudes como a fortaleza, a obediência e o respeito.

Em épocas não muito distantes, os pais de primeira viagem costumavam pedir conselhos aos próprios pais sobre como educar os filhos. Agiam assim porque valorizavam o estilo educativo baseado na autoridade e no desenvolvimento de valores ligados a ela: disciplina, esforço, respeito etc. Hoje, essa consulta é cada vez menos comum, pois a educação tradicional é rotulada como autoritária (muitas vezes sem razão, já que se confunde autoridade moral e educativa com o autoritarismo ou o estilo autoritário).

Essa confusão induz muitas pessoas a pensar que autoridade é o oposto de liberdade. Essa incompatibilidade ocorre apenas em uma relação de autoritarismo, quando os filhos obedecem pela coação do poder (autoridade como *potestas*), que busca submissão incondicional. Ao contrário, na relação de autoridade moral (*auctoritas*), o educando aceita interiormente a exigência diante da credibilidade do educador e do fato de este não querer dominar, mas servir.

O estilo autoritário é caracterizado por uma autoridade arbitrária, com critérios modificáveis e normas de comportamento prescritas de cima para baixo. Como consequência, os filhos descobrem a liberdade somente de forma reativa (contra algo ou contra alguém).

Etimologicamente, a palavra "autoridade" deriva de *auctor* e de *augere* (aumentar, fazer crescer). É uma força e uma influência positiva para sustentar e ampliar o desenvolvimento psicológico e a liberdade responsável dos educandos. A educação não seria possível sem a conjunção fecunda da autoridade e do amor. A autoridade paterna é de caráter positivo e elevador. É um reforço de bons comportamentos e um recurso para fomentar virtudes como a fortaleza e a obediência.

As crianças privadas da autoridade paterna não conhecem limites ou "linhas vermelhas", e por isso não aceitam as normas familiares, tornando, assim, muito difícil a convivência. Nas palavras de São João Paulo II, "são órfãos de pais vivos".

Os pais que hoje preferem uma educação mais "liberal" contribuem com as seguintes "inovações": são "colegas" dos filhos; não os corrigem quando são mal-educados com os professores; toleram a desobediência recorrente etc. Pais como esses buscam obter o afeto e a admiração dos filhos tentando não causar nenhum dano à "intocável" autoestima deles.

Se o estilo educativo tradicional corre o risco de exercer a autoridade como autoritarismo, a educação liberal corre o risco de cair na permissividade, em que as exigências são substituídas pela fé ilimitada na motivação. O autoritarismo costuma gerar filhos rebeldes, mas não malcriados, enquanto o liberalismo produz filhos que seguem somente a lei do desejo e do capricho.

Em qual desses estilos de educação paterna recolhidos na literatura pedagógica se encaixa melhor a educação "liberal" que está na moda?

Está claro que não é no autoritário. Tampouco no superprotetor, em que os pais tendem a resolver todos os problemas dos filhos, fornecendo a eles ajudas desnecessárias e tomando decisões em seu lugar. Os filhos se acostumam a conseguir o que desejam sem precisar fazer o mínimo esforço.

Os pais superprotetores costumam considerar-se excelentes pais. Em uma tirinha do cartunista Rudy Pali uma mãe faz os deveres de seu filho, que consistem em escrever 40 vezes a frase "preciso aprender a fazer as coisas sozinho". Quando chega na penúltima frase, a mãe entrega o lápis para a criança e diz: "Toma, a última você escreve."

A educação "liberal" encaixa-se no estilo paterno permissivo, que se baseia na transigência: há afeto, mas não há controle e exigências; quase tudo é permitido; não são estabelecidas normas de conduta nem limites. Os filhos evitam fazer esforço, o que produz maus resultados escolares.

Os especialistas consideram o estilo *autoritativo* ou democrático (nada a ver com autoritário) o mais adequado, pois combina as exigências com a persuasão; demarca limites para o comportamento dos filhos, mas de modo participativo e estimulante; fomenta a liberdade responsável e produz uma elevada motivação para o sucesso.

8

ESTIMULAR O PROCESSO DE AMADURECIMENTO PESSOAL: DO VERDE AO AMARELO

Quem atrasa os jovens na passagem do verde para o amarelo atualmente? Os pais possessivos, que acreditam ser imprescindíveis e não sabem se desprender dos filhos, e os filhos jovens, que não se decidem a pular do galho que sustenta o ninho.

A metáfora da fruta é um recurso didático muito usado para explicar o processo de amadurecimento humano, com a ressalva de que o ser humano, diferentemente da fruta, não alcança a maturidade completa num momento determinado. Além disso, uma pessoa pode amadurecer em alguns aspectos e não em outros.

Chegar à idade adulta exige passar pela adolescência, de onde se parte de um estado de imaturidade psicológica para ir em busca da maturidade própria do adulto responsável. Comparada com a da criança, a imaturidade do adolescente não é, como se costuma acreditar, um retrocesso.

A criança é incapaz de valer-se por si, mas "resolve" essa questão aceitando a dependência dos mais velhos. O adolescente tem a mesma incapacidade, mas, ao recusar a dependência (traço positivo), comete muitas falhas típicas da conduta imatura, por exemplo, a autossuficiência e a ausência de autocrítica.

O processo de amadurecimento pode ser claramente observado na questão da amizade. A criança tem companheiros de brincadeiras, mas não tem amigos. Terá de esperar o nascimento da intimidade, típico da adolescência, para que surja a troca de confidências, ainda que inicialmente essa nova relação tenha alguns traços possessivos que se manifestam nas "amizades exclusivas", fechadas a um possível terceiro amigo.

Passar da idade juvenil não significa necessariamente que alguém tenha amadurecido. A idade cronológica não garante a maturidade psicológica. Atualmente proliferam casos de pessoas imaturas. Por que há muito mais casos de imaturidade afetiva e volitiva do que de imaturidade intelectual? Possivelmente porque a dimensão intelectual costuma ser a mais valorizada e cultivada em muitas famílias e escolas.

A imaturidade de jovens com mais de 25 anos geralmente ocorre porque eles se instalaram na adolescência. As novas dificuldades para se emancipar, o receio de sustentar-se a si mesmo

ESTIMULAR O PROCESSO DE AMADURECIMENTO PESSOAL

e o apego à vida fácil faz com que se refugiem indefinidamente no seio da família. É um regresso à dependência.

Outra possível causa dessa imaturidade prolongada é a educação familiar superprotetora. Filhos que não tiveram a oportunidade de enfrentar dificuldades sozinhos entram em pânico quando chega a idade de se emancipar. Encontram-se, assim, numa situação pior do que aqueles que puderam ter experiências vitais (desde que sejam refletidas).

O sociólogo Javier Elzo desenhou o perfil da juventude espanhola: "A juventude atual fica mais imatura com o passar dos anos." Esse é o autodiagnóstico de 4 mil jovens consultados, com idades entre 15 e 24 anos.

Muitos jovens não reconhecem que estão namorando ("não estamos namorando, somos amigos"). Essa postura revela, muitas vezes, um traço de imaturidade: a incapacidade de assumir novas responsabilidades.

Há namoros em que a imaturidade afeta somente um dos dois:

Ela: vou terminar com você porque você é muito imaturo.

Ele: não gosto dessas brincadeiras inteligentes. Fique quieta e me passe o controle da TV, eu quero assistir Bob Esponja.

Em outros casos, a imaturidade é compartilhada:

— Você é imaturo, e eu devo ser também, pois o que eu mais gosto em você são os seus defeitos.

Alguns jovens atribuem todos os seus problemas ao mundo em que vivem, ignorando que a causa deles está em sua própria imaturidade. Quando falta aceitação pessoal (o reconhecimento das próprias capacidades e limitações), a comunicação é imatura.

Alcançar a maturidade significa avaliar corretamente a vida e saber dar a cada situação a sua devida importância. Isso exige certo grau de autoconhecimento. Outras características importantes da maturidade são a fidelidade aos compromissos, a responsabilidade, a coerência, a tolerância às frustrações, o realismo e o esquecimento de si mesmo.

A pessoa imatura exige muito pouco de si mesma, culpa os outros por todas as coisas ruins que lhe acontecem e tem um comportamento permanente de reclamação estéril, que cria um ambiente de pessimismo.

A imaturidade atrapalha o rendimento escolar e dificulta as decisões. A melhor prevenção é a educação da inteligência, da afetividade e da vontade ao longo da infância.

9
PREPARAR PARA A FELICIDADE

Existe hoje uma tendência social de buscar a felicidade entendida somente como prazer sensível e satisfação imediata dos apetites. O filósofo grego Aristóteles dizia que a felicidade não pode ser buscada, pois trata-se de algo que acontece, algo que é acrescentado a algumas das atividades com as quais nos ocupamos, uma consequência, e não algo que se busca por si mesmo. A felicidade só é alcançada quando não é buscada. "A felicidade é como a mariposa. Quanto mais você a persegue, mais ela foge. Mas, se você direcionar a sua atenção para outras coisas, ela virá gentilmente até você e pousará em seu ombro" (Henry D. Thoreau).

A felicidade é o gozo ou a alegria que surge ao se alcançar um determinado bem, pela plenitude ou perfeição pessoal que esse bem acarreta. A alegria é a ressonância interior que surge ao se alcançar um bem objetivo, uma perfeição. A felicidade, portanto, não pode ser conquistada diretamente. Uma forma de expressar esse tema de modo mais simples e funcional seria: "A felicidade é alcançada por meio da perfeição."

O filósofo romano Sêneca dizia que é necessário ensinar os jovens a viver honestamente, conforme a virtude, pois na virtude reside o supremo bem e a felicidade humana. A vida honesta proposta por Sêneca é parecida com a "vida boa" proposta por outro pensador, o grego Sócrates, quatro séculos antes. Sócrates optou pela "vida boa" às custas de sacrificar a "boa vida", ao ponto de morrer por defender a verdade, sem fazer conluios para se livrar de seu destino fatal. A vida boa se orienta a um "melhor viver" (viver com mais qualidade moral); a boa vida, ao contrário, orienta-se a um "viver melhor" (com mais bem-estar material). Sócrates preferiu morrer a renunciar às suas convicções. Foi um exemplo de vida coerente e um modelo vivo para os seus discípulos: ensinava o que vivia.

Na visão de Aristóteles, o ser humano necessita de uma segurança que não é aquela proporcionada pelo excesso de coisas. Para ele, a segurança está no *nomos*, na concórdia de homens livres que buscam a vida boa. A felicidade não está no efêmero, mas na vida virtuosa. Por isso, o Estagirita aconselhava viver e agir bem (*eudaimonia*), o que inclui levar uma vida austera.

O filósofo católico alemão Josef Pieper afirma que a suprema felicidade do ser humano se encontra na contemplação. A contemplação é um conhecer abrasado pelo amor. Feliz é aquele que contempla o bem que ama e que se entrega a esse bem. É somente a presença do amado que nos faz felizes. Sendo assim, o amor é o pressuposto indispensável da felicidade.

Para o pensador espanhol José Ortega y Gasset, a felicidade é "a vida dedicada a ocupações para as quais cada homem tem uma vocação singular". Somos felizes quando a nossa "vida idealizada", que é aquilo que queremos ser, coincide com a nossa "vida efetiva", que é a nossa vida real, que temos no momento presente.

Dado que a felicidade é o principal objetivo da vida humana e que não é fácil alcançá-la, o propósito fundamental da educação é preparar para a vida feliz. O caminho mais adequado para isso não são as dissertações sobre a felicidade, mas o exemplo de pais felizes. "Longo é o caminho dos preceitos, mas curto e eficaz é o dos exemplos", ensinava Sêneca.

A família, âmbito natural da educação, é o espaço em que, a princípio, existem mais possibilidades para se aprender a ser feliz. Isso acontece porque a família é um conjunto de pessoas unidas por laços de amor que crescem juntas. É o lugar em que um filho pode ser plenamente ele mesmo ao se sentir amado pelo que é, e não pelo que vale. E também porque é na família que se aprende a amar a partir da experiência de se sentir amado.

A pessoa é um ser de intimidade, enquanto a família é o âmbito da intimidade. Esse conceito costuma ser explicado como o espaço que cada pessoa precisa para estar consigo mesma, encontrar-se a si mesma, possuir-se a si mesma e, como consequência, estar aberta à felicidade. Por isso é fundamental ajudar os filhos a descobrir e cultivar a sua riqueza interior, os seus sentimentos mais nobres ou os seus talentos escondidos. Esse "trazer de dentro para fora" é a tarefa do educador.

O caminho que leva à felicidade pode ser ensinado com uma educação familiar que tenha as seguintes características: pais que incentivam, com o exemplo, atitudes positivas diante das adversidades; que ensinam os filhos a enfrentar as frustrações; que incentivam o comportamento autônomo dos filhos nas sucessivas idades; que ajudam cada filho a descobrir o que quer fazer da vida (sem confundir com o que deseja ou que os agrada); que criam uma relação de confiança com os filhos, possibilitando a livre expressão de emoções e sentimentos; e que criam um ambiente acolhedor de otimismo e alegria.

Os pais devem evitar o pragmatismo excessivo decorrente do temor de que os filhos não saibam competir na vida. Muitos não percebem que, agindo desse modo, a única coisa que conseguirão é que os filhos sejam infelizes.

10
ESTIMULAR COMPORTAMENTOS DE LIBERDADE RESPONSÁVEL

Filhos adolescentes são uma fonte potencial de conflitos com os pais, pois entendem as suas novas tendências psicofísicas de forma radical ou extremista. Entre essas tendências, a de ser livre. Eles acreditam que a liberdade é absoluta, sem nenhum tipo de proibições; que traz direitos, mas não deveres ou responsabilidades.

Essa interpretação da liberdade é simplesmente independência desvinculada ("que não me imponham normas", "que não me proíbam nada" etc.), e tal mentalidade impede os jovens de aceitarem a autoridade, que, além disso, confundem com autoritarismo. O conflito seria menor se chegassem à adolescência tendo adquirido hábitos de liberdade responsável durante a infância.

O ser humano nasce livre, mas sem saber usar bem a sua liberdade. É vítima de limitações interiores, como a ignorância, a preguiça, o egoísmo, a comodidade, a rigidez, a indecisão permanente, a tendência a fazer apenas o que lhe agrada e não o que deve ser feito. Por isso, desde os primeiros anos é preciso educar a liberdade no ambiente familiar. A liberdade é um dom que pode e deve crescer em autodomínio, em capacidade de decidir, em iniciativa e em criatividade.

Educar a liberdade significa estimular comportamentos livres e responsáveis. O verdadeiro educador (pai ou professor) não é aquele que busca se tornar imprescindível para o educando, mas aquele que sabe tornar-se cada vez menos necessário.

O turbilhão da adolescência pode ser atenuado quando a liberdade já é educada desde a infância: uma educação correta da liberdade, que evite tanto a conduta conformista quanto a rebeldia negativa, pressupõe flexibilizar as exigências de forma progressiva e dar aos filhos pequenas responsabilidades desde cedo.

Os educadores devem exigir do adolescente que enfrente as consequências de suas decisões; devem acostumá-lo a pensar e se informar antes de decidir; pedir que aceite situações em que tenha de se garantir sozinho.

Hoje em dia, a vida de muitas pessoas (sobretudo dos adolescentes e jovens), consiste em se deixar levar pelos acontecimentos e circunstâncias: é simplesmente uma adaptação passiva e cômoda à vida que os outros lhes entregaram pronta, um estado de indefinição permanente.

ESTIMULAR COMPORTAMENTOS DE LIBERDADE RESPONSÁVEL

Essas pessoas evitam tomar as rédeas da própria existência, ficando, desta forma, desprovidas de uma vida biográfica.

Os filhos devem aprender a dirigir a própria vida de forma progressiva. Este é o objetivo da educação da liberdade: consiste em agir com condutas autônomas; e se concretiza em saber escolher, a cada situação e momento, o melhor modo de agir entre os modos possíveis.

O pai ou professor que deseja educar na e para a liberdade não fica de tagarelice. Ele observa e escuta o filho ou aluno com entusiasmo, para saber o que desperta a sua curiosidade, os seus interesses, as suas paixões, os seus anseios. Coloca-se no lugar do outro e se esforça para compreender os seus pontos de vista, mesmo que o educando esteja uma geração à frente. E sabe aprender com aqueles a quem está ensinando.

Não se deve sufocar a vontade do filho ou do aluno limitando-se a dizer o que ele deve fazer, mas ajudá-lo a tomar as próprias decisões, a agir com liberdade pessoal, colocando-o diante de suas responsabilidades.

Se a relação pai-filho (ou professor-aluno) se limitasse a uma relação superficial estereotipada, talvez fosse possível fazer com que o educando aceitasse externamente os conselhos do pai ou professor — para agradar ou para se livrar de sua insistência —, mas então ficaria perdida a chance de educar, de ajudá-lo a conhecer-se a si mesmo, a ter os seus próprios critérios de conduta e a vivê-los com liberdade pessoal.

A prática das virtudes ajuda os educandos a contrabalançarem as limitações internas da liberdade. A fortaleza, a laboriosidade e a perseverança, por exemplo, ajudam a enfrentar a preguiça.

11
APRENDER a aMaR O QUE SE FaZ

A palavra "trabalho" vem do latim *tripalium*, que significava "três paus". O *tripalium* era um instrumento de tortura formado por três estacas às quais o réu era amarrado. Mediante uma evolução metonímica, o termo adquiriu o sentido de penalidade e sofrimento. Se o sofrimento vem unido a uma retribuição econômica, o resultado é o atual conceito de trabalho.

Os gregos e romanos da Antiguidade clássica pensavam que o trabalho era para os plebeus (uma classe social inferior, a plebe), enquanto o ócio criativo era reservado aos nobres.

Atualmente, muitos profissionais estão afetados por um mal contagioso: a falta de amor ao trabalho. Profissionais desse tipo se esforçam apenas, ou principalmente, para ganhar o dinheiro necessário à subsistência material. Isso pode ser observado, por exemplo, nas artimanhas empregadas por algumas pessoas para trabalhar menos — pessoas que, além de tudo, pensam que são muito espertas por agirem dessa forma.

O amor é o ingrediente que transforma um trabalho em um estilo de vida. É impossível imaginar um profissional de sucesso sem um coração feliz. O amor ao que se faz explica a existência de profissionais memoráveis que transformaram o seu trabalho em joias científicas ou artísticas. É impossível imaginar a obra de Marie Curie ou de Michelangelo Buonarroti sem levar em conta a sua paixão pelo trabalho. A falta de amor pelo trabalho, por outro lado, nos torna medíocres. Compreende-se assim por que alguns autores concebem o trabalho como uma atividade digna e alegre.

Em 1936, Juan Ramón Jiménez ministrou uma famosa conferência sobre o "Trabalho feliz". Ele falou das histórias exemplares de um jardineiro sevilhano, um regador granadino, um carvoeiro e um mecânico malaguês. Ramón Jiménez pensava que cultivar o amor pelo trabalho influencia muito em sua qualidade. Na história do mecânico, podem ser observados importantes valores humanos:

> Saíamos de Málaga com dificuldade. O carro parava a toda hora, ofegante. Vinham mecânicos desta ou daquela oficina. Todos batiam aqui e ali, sem pensar antes; davam puxões bruscos, diziam palavras rudes, suavam inutilmente. E o carro continuava na mesma. Com grande dificuldade, conseguimos chegar a uma oficina que nos disseram ser muito boa. Um homem saiu e veio confiante em direção ao carro, levantou a tampa do motor e olhou dentro com atenção e inteligência. Acariciando a máquina como se

fosse um ser vivo, deu um toque leve bem no segredo encontrado e baixou a tampa novamente.

— O carro não tem nada. Podem seguir para onde quiserem.

— Não tem nada? Mas três mecânicos não conseguiram arrumar.

— Nada. É que o trataram mal. Os carros devem ser tratados como os animais. Eles também querem carinho.

Para Ramón Jiménez, o trabalho prazeroso não é próprio apenas do artista, mas de qualquer ser humano capaz de colocar em seu ofício a atenção e o desejo suficientes. Essa ideia é compartilhada por outro escritor espanhol, Eugenio d'Ors, em seu ensaio "Aprendizaje y heroísmo":

> Vou te falar do heroísmo em qualquer ofício e em qualquer aprendizagem. Este homem de jaqueta não é um homem honesto. Ele exerce a profissão de caricaturista em um jornal e fala de seu ofício sempre com desprezo. Trabalha unicamente por ganância. Deixou o seu espírito se afastar do trabalho que ocupa as suas mãos. Quando o espírito habita o trabalho, não há tarefa que não se torne nobre e santa. Isso mostra que foi colocado amor na atividade, cuidados de perfeição e harmonia, e uma pequena chama de fogo pessoal: aquilo que os artistas chamam de "estilo próprio", que pode florescer em qualquer obra ou trabalho humano. Essa é a maneira correta de trabalhar.

Nesses dois textos é possível ver que o amor ao que se faz inclina ao trabalho bem-feito e favorece o rendimento. Isso também é confirmado por um discurso que Steve Jobs proferiu a estudantes da Universidade de Stanford em 12 de junho de 2005:

> Vocês têm de confiar em algo, seja o que for. [...] Ter sido despedido da Apple, a empresa que fundei, foi um remédio amargo, mas acredito que o paciente precisava. Estou convencido de que a única coisa que me permitiu continuar foi amar o que eu fazia. Vocês têm de encontrar o que amam. E isso é tão importante para o trabalho quanto para o amor. [...] A única forma de fazer um grande trabalho é amando o que se faz. Se vocês ainda não o encontraram, continuem procurando. Não parem.

Essa mensagem mostra que, junto a uma formação profissional específica, é preciso ter uma formação comum a toda profissão, relacionada aos aspectos humanos do trabalho — entre eles, trabalhar com motivações elevadas e atitude de serviço.

12
A ADVERSIDADE COMO FONTE DE ENGENHOSIDADE

A desproporção entre as expectativas e as conquistas reais pode desestabilizar o equilíbrio de uma pessoa desencadeando uma crise de ansiedade. Por exemplo: a perda inesperada do emprego, da saúde ou de um ente querido. Esses acontecimentos podem nos afundar ou nos enriquecer — depende de nossa atitude. A simples revolta costuma ser um problema adicional. A aceitação sob a forma de desafio, por sua vez, representa uma ocasião para amadurecer e reformular os nossos objetivos de vida.

As crises podem ser oportunidades para uma pessoa se reinventar. Steve Jobs, após ser despedido da Apple, reinventou-se criando a Next e a Pixar: "Troquei o peso do sucesso pela leveza de ser novamente principiante, menos seguro das coisas. Isso me libertou para entrar em um dos períodos mais criativos de minha vida. Estou muito certo de que nada disso teria ocorrido se não tivessem me demitido da Apple. Penso que foi um remédio horrível, mas necessário."

Para Albert Einstein, uma crise é a "maior bênção que pode acontecer a pessoas e países, porque traz progresso. A criatividade nasce da angústia, como o dia nasce da noite. É na crise que surgem a inovação, os descobrimentos e as grandes estratégias".

Quando enfrentada com fortaleza e valentia, essa angústia inicial pode e deve se transformar em tensão criativa, em estímulo para a engenhosidade. Esse benefício, no entanto, não pode ser alcançado por aqueles que se frustram diante dos problemas. É isso que acontece hoje com muitos adolescentes e jovens superprotegidos por pais que vão na frente, limpando o caminho da vida para eles.

Um conhecido ditado espanhol diz que a "necessidade aguça o engenho". Essa possibilidade ocorre, sobretudo, nas situações-limite em que a pessoa tem de recorrer à imaginação para sobreviver.

O engenho é uma forma de criatividade que permite encontrar rapidamente a solução para um problema, a habilidade de encontrar meios adequados a um fim. O engenho está ligado à intuição, à esperteza e à competência.

Engenhoso é aquele que tem capacidade de imaginar ou inventar coisas, combinando com inteligência e habilidade os conhecimentos que possui e os meios de que dispõe.

A ADVERSIDADE COMO FONTE DE ENGENHOSIDADE

Por que o grande escritor espanhol Miguel de Cervantes chamou Dom Quixote de "engenhoso"? Encontrei uma boa resposta: "Um engenhoso tem, necessariamente, de imaginar, o que Dom Quixote fazia sem cessar, porque Cervantes imaginava para ele. [...] Talvez tenha feito isso com ironia, pois os loucos são necessariamente engenhosos, e deu assim, de antemão, pistas sobre a condição singular de seu protagonista e o caráter crítico de seu romance" (Moncho Núñez, *La Voz de Galicia*, 20/04/2016).

Guardadas as devidas proporções, podemos aprender com a engenhosidade das formigas. Em certa ocasião, alguém viu uma formiga que carregava uma palha cinco vezes maior do que ela. Depois de avançar um trecho, ela chegou a uma fenda. Por mais que tentasse, a palha dificultava a tarefa de passar para o outro lado, até que, por fim, a formiga fez algo insólito. Com habilidade, ela apoiou os extremos da palha em ambas as bordas da fenda e, assim, construiu uma ponte, por meio da qual conseguiu atravessar o "abismo".

Também podemos aprender com a engenhosidade dos náufragos. Um jovem pescador indonésio trabalhava e vivia isolado, desde os 16 anos, em uma plataforma flutuante de madeira. Ele cuidava da manutenção da iluminação colocada para atrair os peixes. Certo dia, uma onda forte carregou a plataforma, que não contava com motor ou remos, para o meio do oceano, onde ficou navegando à deriva. O jovem usou um rádio alimentado por energia solar para avisar os barcos com os quais poderia cruzar. A comida que levava consigo acabou em poucos dias, e ele sobreviveu pescando. Queimava lenha da própria plataforma para cozinhar os peixes e bebia água do mar "filtrando-a" pela roupa para reduzir o consumo de sal. Por fim, depois de ficar à deriva por 49 dias, foi resgatado por um navio nas águas de Guam, que ouviu o seu S.O.S.

A criatividade é educável. Situações adversas que propiciam o surgimento da engenhosidade podem ser "provocadas" previamente na escola, propondo aos alunos que busquem e apliquem soluções práticas para problemas da vida real.

13
ESTIMULAR COMPORTAMENTOS SOCIAIS

Com certa frequência, nós, os mais velhos, lamentamos a falta de interesse de alguns jovens pela vida social, não se integrem em nenhuma comunidade, desprezem a política etc. Não será porque nós, os educadores, temos valorizado mais a vida individual e acadêmica do que a vida social? Por exemplo, nas reuniões periódicas entre pais e professores-tutores, costuma-se falar muito das notas escolares e pouco, ou nada, da participação dos filhos na vida familiar e colegial e de seu apoio a movimentos que ajudam os mais pobres. Alguns pais ficam obcecados com os resultados escolares e ignoram a maneira como os filhos vivem certos valores como companheirismo, respeito, solidariedade, lealdade etc. Consequentemente, os jovens se acostumam a uma vida individualista e egoísta, que não é menos preocupante do que as notas baixas.

A sociabilidade natural do ser humano pode ser percebida em sua disposição para se relacionar com os seus semelhantes. Aristóteles dizia que essa inclinação deve-se, em parte, ao fato de o ser humano possuir o dom da linguagem: "A razão por que o homem é mais do que a abelha ou qualquer animal gregário é evidente: a natureza não faz nada em vão, e o homem é o único animal que tem palavra". A qualidade da linguagem está muito relacionada com a qualidade do conhecimento.

A vida social do ser humano não se desenrola no abstrato, mas em âmbitos muito concretos: o familiar, o da amizade, o do estudo, o do trabalho, a vida econômica, a vida política e a vida transcendente ou religiosa. Essas sete formas de vida são vividas em funções e papéis. Agir socialmente implica desempenhar vários papéis ao mesmo tempo em cada âmbito. Por exemplo: uma criança é filho, irmão e neto na família, aluno na escola e amigo em seu círculo social. Cada um desses papéis exige orientação educacional, sobretudo porque aumentam progressivamente à medida que o jovem se aproxima da fase adulta.

Essas diferentes formas de vida não são vidas separadas. A unidade própria da pessoa deve refletir na unidade de sua vida. "Na vida social ocorre o mesmo que no palco de um teatro: um mesmo ator pode dar vida a diferentes personagens. A pessoa é o ator essencial do viver do homem na multiplicidade dos personagens que ele encarna ao longo do tempo. Os personagens que vou encarnando são manifestações do meu viver, sob o qual se encontra, sempre invariável, a realidade do meu eu; aqui estou eu como ser subsistente, ou seja, permanentemente o mesmo. Ser pessoa é ser ator da vida em suas múltiplas formas e facetas, sendo dono e senhor do próprio viver" (T. Fernández Miranda).

É importante reforçar a unidade da pessoa e de sua vida, pois é comum encontrar indivíduos que não se reconhecem com o mesmo ser nas diferentes etapas e situações: são personalidades distintas, incomunicáveis entre si. Um exemplo: de segunda a sexta-feira, são prestativos e generosos; de sábado a domingo, são egoístas e ficam irritados se alguém pede um favor ou uma ajuda: "Não quero que ninguém estrague o meu fim de semana".

Qual é o melhor lugar para se cultivar a vertente social do indivíduo? A família, sem dúvida. É nela que ocorre a convivência mais intensa e contínua. Além disso, a família é uma sociedade em miniatura e uma célula da grande sociedade. Se queremos regenerar a sociedade, tornando-a mais humana e habitável, o melhor procedimento é regenerar, uma a uma, as células que formam o tecido social — as famílias.

Na família, pode-se e deve-se preparar os filhos não só para a adaptação social, como também para o protagonismo social. Em uma sociedade materialista, também é apropriado exercer uma saudável inadaptação social: quando o ambiente se degrada devido ao permissivismo moral, não é adequado adaptar-se passivamente, mas se rebelar. Diante da paleolítica cultura da morte, é preciso promover a cultura da vida; diante da febre do consumismo, é preciso responder com a rebeldia da sobriedade e da temperança.

SEGUNDA PARTE

PREVENÇÃO DE PROBLEMAS TÍPICOS DA ADOLESCÊNCIA ATUAL

14
A EFEBOLATRIA

Quem tem entre 16 e 22 anos está com "sorte". Só por essa razão, será admirado, desculpado e até imitado por aqueles que são fascinados por essa fase da vida. Um exemplo: não é raro, quando um jovem se embriaga em público, ouvir um adulto compreensivo e tolerante comentar, com um gesto de cumplicidade: "Que beleza!" Essa tolerância costuma desaparecer quando o embriagado é mais velho.

O filósofo francês Gustave Thibon afirma que na sociedade atual "a juventude é vista como o supremo e único critério de valor, de forma que as outras idades da vida não têm direito à existência e ao respeito, a menos que se revistam dessa marca primaveril. [...] A maturidade e a velhice foram apagadas de um só golpe."

Outros autores comentam que se trata de um retorno à efebolatria. "Efebo" é uma palavra grega que significa "adolescente". Na Grécia Antiga havia o culto ao efebo, prestado a rapazes de 15 a 18 anos, idade à qual se atribuíam aptidões especiais merecedoras de serem aproveitadas na *efebeia*, instituição para formar os futuros cidadãos, que incluía o treinamento nas artes da guerra.

Um efebo era também um tipo de escultura que representava um rapaz nu e de grande beleza física. Essa segunda acepção não é a que eu estou atribuindo aos atuais adoradores da juventude.

A nova moda da efebolatria se fundamenta na crença de que basta ser jovem para possuir todos os valores, sem necessidade de cultivá-los previamente. A expressão popular "a juventude sempre tem razão" é um reflexo dessa mentalidade.

Na minha opinião, não cabe atribuir essa cegueira a uma suposta capacidade sedutora dos jovens. Trata-se, isto sim, de uma fabulação de adultos que sentem a nostalgia do paraíso perdido em que se aninhava o doce pássaro da juventude. Quando alguns deles conseguem tirar a venda dos olhos, descobrem os seus antigos erros de avaliação: "Endeusamos os jovens pelo simples fato de serem jovens, e não por desenvolverem as excelsas virtudes da juventude como a esperança, a generosidade, a solidariedade, a justiça, o desejo de perfeição, o sonho de um mundo melhor" (J. Capmany, 1995).

A efebolatria "consiste na pretensão de entender o mundo ou a cultura dos jovens como se se tratasse de uma tribo, de uma raça à parte. As coisas não são assim. Por mais que o fator 'idade' seja decisivo, a situação dos jovens é instável. São jovens até que deixem de ser".[1]

Os jovens que são bajulados tão somente por sua idade (independentemente de seu comportamento) costumam desenvolver atitudes conformistas e narcisistas. Já aqueles que têm a oportunidade de conhecer a tempo a verdadeira missão da juventude geralmente encaram essa fase da vida como um desafio pessoal. Para o poeta francês Paul Claudel, "a juventude não foi feita para o prazer, mas para o heroísmo".

Há outros que bajulam os jovens por uma razão mais prosaica: para fazer negócio com eles. O jovem é um artigo que vende bem atualmente, tanto para os próprios jovens quanto para aqueles que não se conformam com o fato de já terem deixado a juventude. Em todas as grandes lojas existe uma seção na qual se pode comprar roupas, calçados, música e literatura jovem. A isso se soma o fato de a maioria dos anúncios de televisão serem protagonizados por eles.

Elogiar sistematicamente os jovens e conceder-lhes privilégios, sem que tenham nenhum mérito além da idade, não estimula a criação de um projeto de vida. Se é tão perfeito ser jovem, se tem tantas vantagens, por que teriam de se empenhar em alguma coisa? Por que deveriam

---

1   A. de Miguel, *Los jóvenes y los valores*, 1994.

construir algo tão incerto e trabalhoso como o futuro?

Os jovens não precisam de mais facilidades para alcançar mais bem-estar, pois isso os manteria em um estado de vida superficial e medíocre. É preciso, isso sim, incentivá-los a ir à raiz de cada questão e buscar a excelência em tudo.

Platão explicou que a juventude não é tempo para o ócio e a autossatisfação, mas para a ginástica intelectual e moral: "É belo e divino o ímpeto com que te lanças às razões das coisas. Mas, enquanto és jovem, exercita-te mais nessas práticas consideradas inúteis pelo vulgo e que dele receberam o nome de palavreado sutil. Do contrário, a verdade te escapará" (*Parmênides*, 135d).

15
SÍNDROME DE PETER PAN

Peter Pan, personagem criado por James M. Barrie em 1904, era um menino que se recusava a crescer e decidiu continuar a ser criança na Terra do Nunca. Essa postura antecipou em um século o que está acontecendo agora: a proliferação de adolescentes com "rebeldia regressiva". Trata-se da oposição à "insuportável adolescência" e um retorno mental à maravilhosa infância.

Peter Pan tinha uma infância feliz e não queria se arriscar a perdê-la. Sentia medo de crescer. Apesar dessa atitude pouco respeitável, ele foi considerado um herói por nadar contra a corrente e por sua rebeldia original e quixotesca diante da tragédia da passagem do tempo, sobretudo por aqueles que se angustiavam a cada novo aniversário. Para estes, as aventuras de Peter Pan eram quase uma terapia.

Quando foi que começou a desmistificação de Peter Pan? Em 1966, quando o psiquiatra norte-americano Eric Berne diagnosticou a sua personalidade: "Representa a criança que todos levamos dentro de nós — é egocêntrico e narcisista, preocupado basicamente com as próprias necessidades e exigências."

Qualquer pessoa — e em qualquer idade — pode perder o controle dessa criança volúvel que continuamos a ser. Nesse caso, corremos o risco de nos tornar Peter Pans: adultos com mentalidade infantil que evitam as suas responsabilidades e desejam retornar à vida despreocupada da infância.

Em 1983, o psicólogo escocês Dan Kiley publicou um livro com o seguinte título: *Síndrome de Peter Pan, a pessoa que nunca cresce*. Kiley cunhou esse termo e considerou o comportamento um transtorno (não patológico) do desenvolvimento da personalidade: a pessoa se nega a aceitar a passagem do tempo e a desempenhar o papel de adulto.

Peter Pan não se ligou no resultado dessas pesquisas, mas as crianças da "era tablet", essas sim, se ligaram, como mostra este diálogo entre um avô e seu neto:

— Quer que eu lhe conte a história de Peter Pan?

— Vovô, o senhor já contou essa história um montão de vezes. E ela já está ultrapassada. Prefiro que o senhor me fale da Síndrome de Peter Pan, que está na moda agora. Poderíamos fazer um debate a respeito.

— Onde você leu isso?

— Esses temas estão nas redes sociais.

— Redes? Que redes?

O avô passou a noite em claro pesquisando na internet. No dia seguinte, participou do tal debate com o neto, após o qual se sentiu muito satisfeito. O neto foi muito respeitoso com ele: "Obrigado por tentar, vovô". A partir daquele dia, o avô esqueceu os seus preconceitos com a internet e entrou em um curso de informática. Sentia que precisava estar na mesma onda que o pequeno.

Quais são os sintomas de pessoas mais velhas que padecem da Síndrome de Peter Pan? Entre outros, os seguintes:

– Diferença entre a idade cronológica e a maturidade afetiva: presos na infância, não assumem as responsabilidades da vida adulta.

– Personalidade imatura que se expressa de forma presunçosa e arrogante. Essa couraça psicológica oculta insegurança, baixa autoestima, medo da solidão e do compromisso. Adultos que se vangloriam de ser festeiros, divertidos, sedutores e liberais não passam de Peter Pans disfarçados.

– Culpar os outros por seus erros e esperar deles todo tipo de atenção.

– Incapacidade para a verdadeira amizade. São pessoas frívolas que têm apenas amizades superficiais e circunstanciais.

Causas e prevenção da Síndrome de Peter Pan

A idealização excessiva de uma infância feliz é um convite à sua permanência; a lembrança de uma infância frustrada por falta de afeto é um incentivo a recuperá-la; uma infância cheia de mimos cria uma dependência da qual não se quer sair; uma educação permissiva, sem exigências, não desenvolve a capacidade de superação; um amor possessivo pela criança a mantém na infância ("que peninha, um dia ele vai crescer").

Para prevenir todos esses resultados é necessário: saber se desprender afetivamente dos filhos de forma progressiva, para que eles vivam situações em que tenham de agir com liberdade; educá-los para a vida real; e fazer que enfrentem alguns problemas sozinhos e se acostumem a ter responsabilidades conforme a idade. Os filhos são muito prejudicados quando os pais querem fazê-los felizes mantendo-os no conforto da Terra do Nunca.

É preciso acostumá-los a sair de si mesmos e a pensar mais no próximo, concretizando essa postura em detalhes de serviço e comportamentos generosos (por exemplo, compartilhando um pacote de biscoitos com os irmãos e amigos ou emprestando o seu caderno para um colega que ficou doente e precisou faltar na escola).

Com esses hábitos, a criança não criará resistência para continuar a crescer e enfrentará melhor a transição para a adolescência. Se não adotar esses costumes, ela se tornará um adolescente infantiloide e um tirano com os pais, que passarão do antigo "você é tão fofinho que dá vontade de morder!" para "que pena que eu não te mordi a tempo!".

16
OS NEM-NEM

O termo "nem-nem" é depreciativo. Foi usado pela primeira vez no Reino Unido, em 1999, com a publicação de um relatório sobre os jovens que nem estudam, nem trabalham, nem recebem formação. Trata-se de uma situação nova, já que no passado o normal era terminar os estudos e começar a trabalhar, correndo atrás de novas oportunidades caso as primeiras apostas não prosperassem.

A opinião da maioria dos adultos sobre os nem-nem é, em princípio, negativa. Nós os consideramos apáticos, infantis, imaturos, irresponsáveis. Pensamos que não se interessam pelo futuro.

Os nem-nem são caricaturados como jovens preguiçosos que gastam o tempo com bebidas e jogos eletrônicos. Quando algum deles tenta se explicar, não damos a oportunidade, pois já o condenamos de antemão:

— Pai, sabe que me irrita quando me chamam de nem-nem?

— Nem sei e nem quero saber.

Esse julgamento inicial é justo em todos os casos? Na minha opinião, é um erro colocar todos os nem-nem no mesmo saco, visto que existem circunstâncias e atenuantes que devem ser levados em conta, tanto para que se sintam compreendidos, quanto para a sua possível reabilitação:

– O grupo nem-nem não é um conjunto uniforme de jovens. É composto de pessoas que podem ser nem-nem por algum momento, enquanto experimentam diferentes opções.

– Os jovens de famílias humildes veem-se obrigados a abandonar a escola em idade precoce para ajudar em casa, motivo pelo qual é muito difícil conseguir um emprego mais para a frente.

– Alguns procuraram trabalho por muito tempo, passando por muitas entrevistas e processos seletivos, sem nada conseguir. Por isso têm uma postura resignada diante da realidade e escolhem não estudar, pois pensam que isso não serve para conseguir um trabalho condizente com a sua preparação.

– Alguns chegaram à situação de nem-nem sem querer, por uma questão de má sorte. Isso acontece muito, por exemplo, na América do Sul, onde a maioria dos nem-nem abandona a escola não para se divertir com jogos eletrônicos ou assistir televisão, mas para ganhar dinheiro. Porém, como os postos de trabalho de baixa qualificação obtidos por esses jovens são geralmente instáveis, qualquer crise econômica os deixa desempregados, e praticamente nenhum retorna ao sistema educacional.

Os nem-nem costumam ser vítimas de alguns erros da educação recebida na família e na escola ao longo da infância e adolescência. Vejamos alguns desses erros que resultam no comportamento dos nem-nem: a maioria surge porque os seus pais não incentivaram, desde cedo, o sacrifício e as virtudes relacionadas ao estudo, ao trabalho e ao uso do dinheiro; muitos deles foram crianças mimadas e mal-acostumadas; e boa parte se tornou vítima do ambiente de consumismo em que vivia.

Os nem-nem mais indolentes estão expostos a dois perigos principais:

– Não terem futuro. Nem-nem: nem estuda, nem trabalha. Nem-nem-nem: não estuda, nem trabalha, nem é jovem. Quanto mais tempo ficam sem estudar, mais difícil será conseguir um emprego, pois não será fácil vencer os outros candidatos à mesma vaga em uma prova de seleção, tanto por não estarem atualizados quanto por um currículo ruim.

– O ócio permanente estimula muitos gastos supérfluos. Quando não têm o dinheiro de que "precisam", podem cair na tentação de obtê-lo de maneira fácil. Além disso, por serem tão vulneráveis, os nem-nem estão expostos ao aliciamento de pessoas inescrupulosas (traficantes de drogas, por exemplo).

Se tivermos um nem-nem em casa, não adianta virar a cara ou brigar a todo momento. É um nem-nem, sim, mas é *o nosso* nem-nem.

Em primeiro lugar, a tarefa dos pais é tentar resgatar os filhos nem-nem que tenham atenuantes. Acreditar neles fará com que acreditem em si mesmos. Para os nem-nem sem atenuantes, será necessário oferecer ideais e modelos que motivem a superar a mediocridade.

Todos os nem-nem podem se beneficiar da leitura de biografias como a de Abraham Lincoln. Desde os primeiros anos, Lincoln foi um aprendiz solitário e autodidata nos bosques da fronteira. Enfrentava diversas dificuldades, que vencia com persistência e muita engenhosidade. Um exemplo: como não tinha papel nem lápis, ele escrevia sobre uma tábua com um graveto de carvão, e, para apagar o que escrevia, usava uma faca de desbaste. Como não podia comprar um livro de aritmética, pediu um emprestado e o copiou.

17
PAIS EGÓLATRAS COM FILHOS SUBMISSOS

As redes sociais e os anúncios de televisão transmitem, a todo momento, mensagens associando a felicidade ao sucesso. Muitos psicólogos e sociólogos refutam essa tese e consideram que tais mensagens são um sintoma de que a sociedade contemporânea padece do mal do narcisismo.

O psicanalista norte-americano Alexander Lowen publicou *Narcisismo: A negação do verdadeiro self*. Segundo ele, "o narcisismo individual corre paralelo ao cultural: o indivíduo molda a cultura segundo a própria imagem, e a cultura, por sua vez, molda o indivíduo." Jean Twenge, outra psicóloga norte-americana, também se debruçou sobre o tema em *A epidemia narcisista* e *A geração do eu*.

O narcisista pode ser identificado por seu comportamento egoísta, prepotente e vaidoso, e pela ausência de empatia. Ao contrário do que aparentam, os narcisistas são inseguros e se frustram com muita facilidade. A sua aparente autossuficiência é apenas autoafirmação e dissimulação de uma personalidade insegura.

Pat MacDonald, psicóloga autora de *Narcisismo no mundo moderno*, aponta alguns sintomas da presença social do narcisismo: "O consumismo desenfreado, a autopromoção nas redes sociais, a busca de fama a qualquer preço e as cirurgias estéticas para retardar o envelhecimento."

O narcisismo é especialmente preocupante quando se torna um transtorno de personalidade, caracterizado por emoções intensas e instáveis, e uma autoimagem distorcida. A isso se acrescenta um amor excessivo por si mesmo e um autoconceito exagerado de superioridade.

O que costuma acontecer quando uma pessoa narcisista é pai ou mãe? Os pais narcisistas sãoególatras que buscam aprovação constante através dos filhos. Após criar grandes expectativas em relação a eles, exigem que se destaquem em tudo. Projetam neles os seus sonhos frustrados. São pais que pressionam, exigindo resultados mais elevados do que aqueles esperados pelo treinador ou professor.

Os filhos ficam angustiados quando são repreendidos pelos pais toda vez que não conseguem ser os melhores. Nessas situações, os pais os criticam, alegando todo o dinheiro e tempo que investiram em seu desenvolvimento. A infância de um filho de pais narcisistas costuma ser muito infeliz: ele não é reconhecido como um ser humano distinto, mas como uma extensão do eu paterno. Não é estranho, por tudo isso, que pais narcisistas tenham filhos com muitos problemas psicológicos. As crianças costumam se tornar narcisistas também, ao interiorizar as qualidades infladas por seus pais sobre elas. Esse comportamento paterno não é educativo, pois, longe de desenvolver as faculdades dos filhos, deixam-nos em um estado de dependência e passividade — a pessoa passiva não faz as coisas por conta própria. A passividade se opõe à vontade de conduzir a própria vida.

O tratamento do transtorno narcisista da personalidade se concentra na psicoterapia ou terapia de conversão, através da qual o paciente busca se libertar do desejo de alcançar objetivos impossíveis. O segredo, no entanto, é a prevenção. Em seu livro *Prevenir el narcisismo*, o psicólogo espanhol Julio Rodriguez propõe alguns comportamentos aos pais, entre eles:

– Demonstrar carinho e afeto de maneira incondicional.

– Não exagerar as capacidades de seus filhos nem os considerar superiores aos demais.

– Ensiná-los a ter empatia, compaixão e respeito pelos outros e a cooperar com os demais.

– Explicar que o erro é uma oportunidade de aprendizado.

– Incentivar que façam coisas nas quais "não sejam os melhores".

– Deixar claro que nem sempre é preciso ganhar, e não a qualquer preço.

– Incentivar que aceitem a si mesmos completamente, com suas aptidões e limitações.

– Reforçar que fazer bem alguma coisa ou ter um talento especial não significa ser superior aos demais, tampouco merecer tratamento diferenciado.

– Quando vir um comportamento narcisista, nos filmes ou na televisão, não hesitem em apontar como exemplo de mau comportamento.

Na mitologia grega, Narciso, apaixonado pela própria imagem refletida na água, morreu afogado. O mito não nos faz lembrar as *selfies* tiradas à beira de precipícios para postar nas redes sociais?

18

O VÍCIO EM NOVAS TECNOLOGIAS

A inovação tecnológica é muito importante para o progresso em todos os setores da vida. Pensemos, por exemplo, no que significou para o transporte a invenção da máquina a vapor, ou a da impressão para a cultura, ou a descoberta da penicilina para a saúde. Não obstante, o mau uso das Tecnologias da Informação e Comunicação (TIC) têm efeitos negativos para pessoas de todas as idades — de modo especial para os adolescentes.

Quando se esquece que a tecnologia existe para o homem (e não o homem para a tecnologia), quando os recursos tecnológicos deixam de ser vistos como um meio para se transformarem em fim, cria-se uma dependência que costuma terminar em vício.

Quem são os adolescentes com maior risco de vício em tecnologias? São "aqueles que demandam mais afeto, que não sabem perseverar diante das dificuldades e que têm baixa autoestima perante os desafios da vida. A incapacidade de superar-se e a necessidade de reconhecimento dos amigos os levam a buscar pequenos sucessos e satisfações que façam esquecer das dificuldades da vida real. Assim, entregam-se, submissos, aos braços da realidade virtual, que é muito mais gratificante" (Castell, P. y Bofarull, I.: *Enganchados a las pantallas*).

Os pais costumam perguntar como podem prevenir o risco de seus filhos desenvolverem comportamentos viciantes no uso das novas tecnologias. Sugiro as cinco medidas o a seguir:

– Limitar os lugares e horários para o uso de tecnologia. Por exemplo, não usar o celular durante as refeições em família.

– Supervisionar os hábitos de uso da internet. Saber quais redes sociais os filhos acessam e para que as utilizam.

– Orientá-los a serem prudentes em relação ao que publicam nas redes, visto que qualquer pessoa pode ter acesso às informações deles.

– Usar filtros de conteúdo que impeçam o acesso a páginas inapropriadas.

– Utilizar alarmes para indicar que o tempo de uso já acabou e que é hora de desconectar.

Por trás do abuso das novas tecnologias está a influência de um fenômeno sociocultural pós-moderno: a idolatria do poder técnológico, ligada ao mito da tecnologia como fator-chave do progresso.

Tanto nas máquinas quanto nas pessoas, o homem de hoje tende a buscar modelos para imitar. Esse fenômeno não é totalmente novo:

o relógio surgiu antes que Newton imaginasse o mundo como um grande mecanismo parecido com um relógio.

Atualmente, o computador propõe ideias sobre o homem: sua forma de aprender, de pensar e de tomar decisões. Há computadores que funcionam como redes neurais semelhantes às do cérebro humano.

A tecnologia está deixando de ser vista como um instrumento para dominar o mundo: passou a ser apresentada como um paradigma para o homem, a ponto de se revestir de uma dimensão salvífica. Por meio dela os homens tentam escapar de uma existência infeliz com o esquecimento de si mesmos, de sua condição humana.

Na atual sociedade supertecnificada, o homem está constantemente exposto à tentação de agir como máquina (com a mesma precisão, eficácia e rendimento). Quando sucumbe a essa tentação, transforma-se em um animal técnico, um autômato. O humanismo técnico — a soberba técnica — é uma das causas do ateísmo moderno.

A técnica que busca superar a natureza humana conduz apenas à anulação do homem, que deixa de ser sujeito para se transformar em objeto.

A verdadeira função da técnica é libertar o homem de algumas atividades materiais que o prendem e, assim, facilitar o seu desenvolvimento espiritual; é pôr as mãos sobre as coisas para possuí-las pelo espírito.

Para Gustave Thibon, "o homem precisa da ação, mas, se quiser que exista harmonia em sua vida, deve torná-la compatível com a contemplação. Deve encontrar meios de impedir que a ação chegue àquele esgotamento interior em que o homem, despojado do que é, transforma-se em escravo do que faz" (*O equilíbrio e a harmonia*).

Não se trata de desvalorizar a técnica, mas de integrá-la ao quadro do que é o homem. Algumas palavras de São João Paulo II dirigidas a professores e estudantes universitários já alertavam para o perigo de se cair em reducionismos na educação: "Não basta especializar os jovens para um ofício, não basta preparar técnicos, é preciso formar personalidades. Formar homens completos e apresentar o estudo e o trabalho profissional como meios para a pessoa encontrar-se a si mesma e realizar a vocação que corresponde a cada vida".

19
A FALSA "LIBERDADE SEXUAL"

Espúrio é tudo aquilo que foi adulterado. *Adulterar* é falsear, corromper. O fraudulento é mentiroso, fingido, atrai com falsas aparências — é isso que está acontecendo com a educação sexual. Aqueles que se opõem à educação da sexualidade estão se apropriando dessa expressão, utilizando-a como justificativa para promover a chamada "liberdade sexual", em que tudo vale. Os supostos libertários se transformam nos principais detratores da sexualidade humana, rebaixando-a ao nível animal. Sexo sem amor não é um movimento "progressista", mas retrógrado.

O humorista norte-americano Groucho Marx afirmou que "o problema do amor é que muitos o confundem com a gastrite, e, quando se curam do desconforto, descobrem que estão casados." Os analfabetos do amor também têm defensores da estatura de William Shakespeare, que afirmou: "Na amizade e no amor se é mais feliz com a ignorância do que com o saber".

Julián Marías, filósofo espanhol, apontou que o utilitarismo está invadindo os redutos mais íntimos e valiosos da vida: a relação entre mestres e discípulos, a amizade e o amor. Essa invasão é preocupante, já que a amizade e o amor exigem uma postura desinteressada, generosa e entusiasmada, incompatível com a mentalidade utilitária (*A felicidade humana*).

Na vida conjugal, o utilitarismo produz um egoísmo compartilhado: a relação quase se reduz a um uso recíproco do homem e da mulher.

A crise do amor provém do movimento da "liberdade" ou "revolução" sexual, surgido no fim do século xx. Esse movimento se opõe aos códigos tradicionais da moral sexual, propiciando todo tipo de relações à margem do matrimônio, e cresceu graças à disseminação e uso generalizado de todo tipo de anticoncepcionais, apartando assim a sexualidade da reprodução.

Outro antecedente é a doutrina de Freud, para quem toda conduta humana seria movida pelos instintos, que se orientam ao prazer. O instinto seria o que temos de autêntico, natural e sincero, e por isso deveria ser satisfeito sempre e sem demora. Essa liberação dos instintos resultaria em saúde, harmonia, calma e maturidade psicológica, enquanto toda repressão seria contrária à natureza e poderia causar desordem, tensão e doença.

Tenho uma mensagem para Freud e para os freudianos que não o leram:

– O natural não é o instintivo, mas o que a natureza exige para o seu desenvolvimento total e para a sua perfeição.

– A conduta sexual humana não depende somente da biologia, visto que, mesmo considerada em si mesma, a biologia do ser humano tem um traço peculiar que se integra à pessoa.

– O exercício indiscriminado da sexualidade não acalma nenhuma ansiedade; ao contrário, desperta uma ansiedade crescente e incessante.

– A inibição da vontade não é repressão, pois tão voluntário e livre pode ser querer uma coisa como não querê-la. Diferente do animal, o homem pode preferir uma coisa ou outra.

– O sexo deixa de ser algo trivial e acessório somente quando se situa dentro do marco do amor humano, no contexto dos sentimentos e da vontade.

Torelló explica que o autodomínio dos instintos é um ato de liberdade interior próprio da espécie humana, e que a continência por amor produz liberdade de espírito.

A sexualidade de consumo, claro sintoma de que vivemos em uma sociedade erotizada, também contribuiu muito para a atual crise do amor. Por isso é urgente e necessário integrar a sexualidade ao encontro interpessoal. Para superar a cultura da excitação e do desejo, precisamos de uma ética da sexualidade acompanhada de uma educação sentimental promovida principalmente no âmbito familiar.

Na minha opinião, a falsa educação sexual que se infiltra em muitas escolas, como um Cavalo de Troia, está muito relacionada com a atual crise do amor.

As perguntas das crianças sobre a origem da vida sempre foram incômodas para os pais. Para evitá-las, a maioria recorre à história da cegonha. Por que a cegonha? Pelo cuidado e carinho com que trata as suas crias. Hoje, as cegonhas abandonaram sua ocupação por falta de demanda: com o acesso à internet, as crianças tornaram-nas obsoletas.

Se os pais do passado tinham o desafio de se adiantar às informações dadas pelas "más influências"; os pais de hoje têm o desafio de se adiantar à internet. Caso contrário, podem se deparar com algumas surpresas:

— Filho, gostaria de falar com você sobre sexualidade.

— Certo. Qual é a sua dúvida?

Os filhos recebem a mensagem da atual trivialização da sexualidade humana — apresentada como uma brincadeira com impulsos inocentes — como uma simples realidade biológica na qual não há lugar para a culpa.

É importante esclarecer que a sexualidade humana não é uma realidade apenas biológica.

A FaLSa "LIBERDaDE SEXUaL"

Diferentemente da sexualidade animal, está inserida em um plano superior ao da biologia: o da ética. Qualquer manifestação da vida revela que o homem é um ser em que matéria e espírito estão unidos. Por isso a busca exclusiva do prazer desvirtua a sexualidade humana, ao mesmo tempo que a transforma em uma fonte de riscos.

O pedagogo espanhol Víctor García-Hoz explicou esse problema do seguinte modo:

> A cada resposta dada ao estímulo, este vai perdendo força, porque o limiar da sexualidade se eleva. Para continuar a produzir efeito, o estímulo sexual precisa aumentar, complicar-se ou mudar de forma. Aquilo que excitava os jovens há cinquenta anos já não desperta interesse em mais ninguém. A normalidade do sexo não é mais suficiente; é necessário o paroxismo do sexo, o sexo e a violência, o sexo e a droga, as perversões do sexo.

Para evitar essa deturpação da sexualidade, é fundamental que os pais sejam coerentes com a sua condição de primeiros e principais educadores. Podem delegar à escola o ensino das disciplinas escolares, mas não uma questão tão pessoal, íntima e delicada quanto a educação sexual.

Um argumento recorrente para que só a escola aplique programas de educação sexual é aquele segundo o qual os pais *não sabem* prover essa educação. A solução fácil seria substituí-los; a boa e eficaz seria prepará-los que para consigam educar. Alguns colégios já estão fazendo isso.

A educação sexual deve acontecer de forma gradual e personalizada (para se adaptar a cada caso) e no âmbito do amor e da intimidade da família. A disciplina oferecida nas escolas é coletiva e muito concentrada, e, além disso, limitada a *informar* sobre o sexo. Essa concepção estimula a curiosidade excessiva, assim como a tendência à realização de atos que devem ser prevenidos.

A experiência da especialista Wendy Shalit é muito esclarecedora:

> Libertei-me da "educação sexual" ministrada nos colégios. Era uma visão do sexo como algo autônomo e livre de obrigações, justificado com o argumento segundo o qual cada um tinha de assumir a sua própria sexualidade, escolhendo o que lhe parecesse melhor. Quanto mais se seguiam as orientações, mais atividade sexual existia nos colégios. Quanto mais cedo se promovia a "educação" sexual, maiores eram o número de violências sexuais e a incapacidade dos sexólogos de detê-las.

O objetivo é possibilitar que os alunos sejam capazes de desfrutar ao máximo de sua sexualidade, evitando tudo o que possa se opôr a ela, sobretudo as normas morais. Os educadores são substituídos por sexólogos extremistas, que aconselham práticas sexuais incompatíveis com critérios éticos e religiosos.

A FALSA "LIBERDADE SEXUAL"

Essa informação não soluciona os problemas que promete resolver — aumenta-os: gravidezes não planejadas, abortos, doenças sexualmente transmissíveis, HIV etc. Eis as consequências de não integrar a educação sexual na educação para o verdadeiro amor. O amor não é algo ocasional nem um capricho da sensualidade mas uma entrega da pessoa inteira em seus componentes biológicos, psicológicos e espirituais. Isso exige uma educação da vontade e da afetividade, para que sejam promovidas as virtudes do pudor e da castidade.

O mito da cegonha foi esquecido, mas a presença dessa ave monogâmica e que se desdobra por suas crias continua a ser um símbolo imperecível do amor maternal.

20

A OBSESSÃO PELA IMAGEM CORPORAL

Alguns pensadores da Antiguidade clássica desprezavam o exercício físico e zombavam daqueles que praticavam. Esse comportamento mudou com o poeta latino Décimo Junio Juvenal (1 a.C.), autor de dezessete sátiras em que criticava o estilo de vida sedentário da sociedade romana. Na sátira de número dez aparece o conhecido aforismo "*mens sana in corpore sano*", que nos convida a buscar a saúde integral, de corpo e alma, alcançando um equilíbrio entre ambos. Trata-se de ter uma mente sã e um corpo saudável para viver uma vida melhor, repleta de virtude e paz.

O significado original do aforismo mudou com o passar dos anos. A proposta "*mens sana in corpore sano*" não se refere mais ao equilíbrio entre corpo e alma, e sim ao culto excessivo ao corpo, ao qual uma mente supostamente mais sã estaria subordinada.

Atualmente, a preocupação com a imagem corporal está relacionada ao sucesso, à felicidade e à atração sexual. Por isso muitas pessoas, de todas as idades, estão dispostas a fazer os maiores sacrifícios para alcançar uma boa imagem corporal. O livro *O culto à saúde e à beleza: a retórica do bem-estar*, descreve esse novo fenômeno social da seguinte maneira:

> A maioria das pessoas sofre uma grande pressão midiática e social para ter um corpo belo, magro e jovem, o desejado "corpo escultural". Além disso, estar "saudável" já não é mais um desejo e uma aspiração natural de todos, mas uma espécie de "tirania" que transformou a saúde em um dever que, segundo a indústria do bem-estar, só pode ser cumprido mediante o consumo de certos produtos e serviços comerciais. A magreza (incluindo a magreza extrema) se impôs como padrão de beleza, com a consequente explosão de dietas milagrosas e a expansão de alimentos *light*, a extensão da cirurgia estética a classes sociais que antes não tinham acesso a esse tipo de procedimento, a apologia do exercício físico e o florescimento de academias, spas, balneários e centros *wellness*" (Morán, R. e J. A. Díaz, Biblioteca Nueva, 2007).

Em um post, lê-se o cartaz que divulga uma academia: "Você se acha gordo e feio? Seja apenas feio."

É preciso cuidar da saúde. É muito indicado fazer exercícios, ser moderado à mesa... Mas não transformemos em *fim* aquilo que é *meio*. Esse corpo, que um dia será alimento para vermes, ocupa-nos e nos preocupa tanto que não sobra tempo para cultivarmos o que não morre —

o espírito. Esquecemo-nos que, além de animais, somos racionais; superestimamos a estética em detrimento da ética; priorizamos o nosso bem-estar material em vez de ajudar um pouco aqueles que não sabem se terão o que comer no dia seguinte.

Segundo os psiquiatras, o desejo por uma imagem perfeita não é necessariamente uma doença mental, mas aumenta as chances de uma enfermidade psíquica. Quando esse desejo é obsessivo, predispõe a transtornos alimentares (anorexia e bulimia) e mentais (vigorexia).

A vigorexia é o culto obsessivo aos músculos, devido a uma visão distorcida do próprio corpo. Inicialmente, a pessoa acredita que está muito fraca e passa a dedicar todo o tempo livre ao treinamento, principalmente na academia. O vício em exercício é acompanhado de uma ingestão exagerada de proteínas e carboidratos, e do uso abusivo de substâncias como esteroides anabolizantes, para aumentar a massa muscular. Esse transtorno também é conhecido como "complexo de Adônis" e afeta negativamente a autoestima.

Esse termo foi cunhado pelo psiquiatra Harrison G. Pope após analisar uma ampla amostra dos 9 milhões de americanos que frequentam as academias. Pope descobriu que aproximadamente 1 milhão dessas pessoas eram afetadas por uma perturbação emocional que as impedia de verem-se a si mesmas como realmente eram. Apesar do aumento dos treinos, elas continuavam enxergando-se como fisicamente fracas. Segundo a análise e estudos posteriores, essa desordem emocional pode evoluir para um quadro obsessivo que faz com o que os afetados larguem o emprego e a vida social para treinar continuamente.

A obsessão pelo corpo perfeito costuma iniciar na adolescência. As mudanças físicas típicas dessa fase de transição desencadeiam uma imagem corporal negativa e o adolescente sente-se complexado. Essa obsessão, no entanto, pode continuar em fases posteriores, especialmente em pessoas narcisistas.

Uma pesquisa recente feita nos Estados Unidos com 30 mil pessoas, publicada na revista *Psychology Today*, revelou que 82% dos homens e 93% das mulheres estão preocupados com a imagem corporal e pretendem melhorá-la.

A prevenção deve começar antes que surjam os transtornos emocionais, pois aqueles que deles já padecem não têm consciência disso; pensam que o que fazem é muito saudável, visto que recebem muitos elogios de profissionais. Se tomarem consciência de que o exercício é um vício perigoso, não terão coragem de confessar, principalmente se usam esteroides anabolizantes. Essas pessoas devem entender que o exercício é bom quando não é excessivo. É preciso ajudá-las a descobrir a tempo que os treinos são benéficos para a saúde, desde que não sejam excessivos para a própria capacidade.

A prevenção consiste principalmente em desenvolver a autoestima desde cedo. É recomendável estimular diferentes interesses na criança, para que a musculação ou o esporte não seja tudo em sua vida. O exercício físico deve seguir uma programação; assim responderá a objetivos positivos, adaptando-se a cada caso e na dosagem adequada. A criança também deve ser informada das mudanças físicas pelas quais passará na adolescência, para que saiba que são passageiras e necessárias para o seu desenvolvimento.

Acredito que seja uma boa ideia retomar a antiga Academia dos gregos, que não se limitava ao exercício físico mas era também local de estudo, ponto de encontro para pensadores e escola de música. Algumas contavam até com uma biblioteca. Essa abordagem, sim, era coerente com o aforismo sobre a saúde do corpo e da alma.

21
A VULNERABILIDADE DOS ADOLESCENTES E JOVENS DAS NOVAS GERAÇÕES

Para entender a adolescência atual, com a sua multiplicidade de "gerações", é preciso situá-la em um novo contexto cultural e social: o da pós-modernidade e da globalização. Na época da modernidade, a passagem da infância para a vida adulta (a adolescência) tinha uma duração previsível. Na pós-modernidade, surgiu a adolescência ampliada ou prolongada, em que pessoas com mais de 25 anos continuam com uma mentalidade adolescente.

A pós-modernidade representou uma crise da razão, que foi substituída pela paixão e pelo desejo. Surgiu assim o chamado "novo individualismo", apresentado como um estilo de vida baseado na "moral da tolerância": toda ação (roubar, por exemplo) é boa se eu a desejo.

A globalização teve efeitos muito similares aos do pós-modernismo. Trata-se de um processo histórico de integração mundial nos âmbitos político, econômico, social, cultural e tecnológico que está deixando a realidade do mundo cada vez mais interconectada — uma aldeia global. Entre os fatores decisivos para o surgimento da globalização estão as inovações no campo das telecomunicações e da informática.

Um dos inconvenientes desse processo, no âmbito cultural, é que os grupos sociais menos expressivos veem-se afetados pelo consumo de produtos culturais de maior alcance, correndo o risco de perder valores próprios.

O sociólogo Anthony Gidenns afirma que nesta era de globalização a fase da adolescência perdeu o aspecto de transitoriedade e se tornou uma juventude prolongada, adiando o seu progresso à condição de adulto.

A adolescência ampliada se caracteriza pela continuidade da dependência da família e o adiamento indefinido da autonomia responsável, própria da idade adulta. Nesse contexto, surge a geração dos nem-nem e a geração X, cujos integrantes, além de não se incomodarem com a dependência dos pais, consideram-na um benefício inesperado que os livra de todo tipo de obrigação e permite que se divirtam desenfreadamente — em alguns casos usando drogas.

Menos conhecida é a geração *snowflake*, assim chamada porque os seus integrantes são frágeis e supersensíveis como flocos de neve. Padecem do que o filósofo francês Gilles Lipovetsky nomeia como "uma inquietante fragilização e instabilidade emocional", e manifestam a tensão e a inquietação de viver em um mundo que se apartou da tradição e enfrenta um futuro incerto. É a inadaptação à mudança.

Os adolescentes e jovens dessa geração são muito vulneráveis emocionalmente, a ponto de desmoronar diante de qualquer contrariedade. A psiquiatra Lori Gottlieb afirma que são indecisos, confusos e muito medrosos, e mesmo depois de muitas pesquisas, não encontrou em seu histórico traumas de infância que poderiam estar na origem de seus medos e insatisfações. Ela revelou que o seu mal vinha de pais excessivamente preocupados e apegados aos filhos, pois, de tanto protegê-los das frustrações, privavam-lhes da verdadeira felicidade.

Privar os filhos de experiências de frustração pessoal impede que eles tenham uma noção realista de si mesmos e da vida. Além disso, dificulta o desenvolvimento de uma liberdade responsável e uma vontade firme. Os pais esquecem que a vontade é desenvolvida na superação pessoal de dificuldades, o que é impossível quando eles passam na frente limpando o caminho da vida para que os filhos não tropecem. Barry Schwartz, psicólogo da Universidade de Swarthmore, nos

Estados Unidos, afirma que, hoje em dia, "ser pai ou mãe é ter medo de que os filhos sofram. Mas a felicidade não consiste na ausência de problemas — ao contrário, consiste no prazer de superar barreiras e crises necessárias. Essa é uma geração de rostinhos felizes, de crianças superprotegidas e excessivamente mimadas".

Essas crianças crescem com um ego hipertrofiado, uma falsa autoestima e uma capacidade de resolver problemas escassa ou nula. A falta de "treino" em enfrentar dificuldades gera filhos inseguros e impotentes. Não são capazes de se adaptar a situações adversas e são desprovidos de resiliência — termo referente à resistência dos materiais que se dobram sem quebrar e depois recuperam a forma original.

A resiliência é a capacidade de uma pessoa de superar psicologicamente as situações adversas da vida e sair fortalecido delas. Boris Cyrulnik define a resiliência como a capacidade do ser humano de se recuperar de um trauma e, sem ficar marcado pela vida, ser feliz. Isso inclui a resistência ao sofrimento e a capacidade para resistir a traumas e feridas psicológicas. Essa resistência propicia um impulso de reparação psíquica. A criança ferida por um dano psicológico poderá assim transformar as suas más experiências em algo positivo para o seu amadurecimento pessoal (cf. Cyrulnik, B., *Os patinhos feios*).

Trata-se de um recurso de autoproteção criado inicialmente por laços afetivos e, posteriormente, pela expressão de emoções. Cyrulnik esclarece que não é mera resistência: "Resistência é quando você recebe um golpe e o enfrenta, enquanto a resiliência é recuperar o desenvolvimento que tínhamos antes do golpe. Podemos sofrer um trauma, mas temos de ser capazes de reconstruir a nossa vida com esse trauma" (declarações à revista *Muy Interesante*, número 252).

O resiliente sofre, mas não se afunda nem sucumbe. O conceito de resiliência corresponde aproximadamente ao termo "fortaleza". É superar um episódio difícil e sair mais forte e melhor do que antes. A neurociência considera que as pessoas mais resilientes têm maior equilíbrio emocional em situações de estresse, e por isso suportam melhor a pressão, o que traz maior sensação de controle perante os acontecimentos e maior capacidade de enfrentar desafios (Instituto Español de Resiliencia).

A resiliência é testada em situações de estresse, como, por exemplo, a perda inesperada de um ser amado, abusos psicológicos ou físicos, doenças prolongadas, abandono afetivo, fracasso, catástrofes naturais, pobreza extrema. Poder-se-ia dizer que a resiliência é a fortaleza além da resistência: é a capacidade de superar um estímulo adverso.

Para poder contar com a resiliência e aplicá-la nos momentos difíceis, é preciso educá-la preferencialmente na infância, embora seja uma tarefa para toda a vida.

A educação baseada na resiliência promove o apoio e o afeto entre os membros da comunidade educativa e estabelece expectativas realistas. Desse modo, fomenta-se a autoconfiança dos alunos e a sensação de serem capazes de alcançar objetivos antes considerados impossíveis. Além disso, evita-se entender a adversidade como algo pessoal, concedendo-lhe um significado sistêmico (cf. Reyzabal, M. V. y Sanz, A. I., *Resiliencia y acoso escolar*).

A criança deve dominar recursos internos para superar situações dolorosas, como uma doença prolongada ou a separação dos pais. A especialista Amparo Catret coloca a questão em forma de desafio: "Conseguir que uma criança que sofreu ou esteja passando por situações difíceis seja capaz de dominar recursos que a ajudem tanto a aguentar o golpe quanto a restabelecer a estabilidade emocional em circunstâncias difíceis e que se estendem no tempo" (Catret, A., *Infancia y Resiliencia: actitudes y recursos ante el dolor*).

A autora argumenta que, para que a criança possa responder de forma positiva a situações difíceis e a episódios de sofrimento, recomenda-se ativar recursos internos adormecidos, como os seguintes: entusiasmar-se com algum plano ou projeto que possa ser realizado a curto prazo (uma viagem, uma nova brincadeira, um novo esporte etc.); racionalizar os eventos problemáticos (compreender o que aconteceu e tirar uma lição para o futuro); relativizar os momentos de sofrimento (tomar distância mental e emocional dos episódios de dor para poder vê-los de forma mais objetiva e positiva); sublimar os sofrimentos morais (aceitá-los livremente, admirando o sacrifício voluntário de grandes heróis que deram a vida por um ideal); ser criativo (inventar histórias, escrever poemas, desenhar uma roupa ou um navio sem se prender a moldes etc.). A criatividade ajuda a enfrentar situações dolorosas e permite revelar o eu ferido (Catret, A., *Infancia y Resiliencia: actitudes y recursos ante el dolor*).

As contribuições da resiliência à educação encontram um bom canal no tutor de resiliência. "Um tutor de resiliência é uma pessoa, um lugar, um acontecimento, uma obra de arte que provoca o renascimento do desenvolvimento psicológico após o trauma. Na maioria das vezes, é um adulto que encontra a criança e assume o papel de um modelo de identidade, o ponto de virada de sua existência. Não precisa ser necessariamente um profissional. Um encontro significativo pode ser suficiente. [...] Muitas crianças começam a se dedicar mais a uma matéria na escola por gostarem do professor. Mas quando, vinte anos depois, alguém pergunta ao professor qual é a causa do sucesso de seu aluno, o educador subestima-se e não suspeita de sua importância" (Melillo, A., *El pensamiento de Boris Cyrilnik*).

Na maioria das menções ao tutor de resiliência que encontramos na bibliografia, ele é concebido da seguinte forma: "Uma pessoa que acompanha de maneira incondicional alguém que esteja enfrentando uma situação traumática, de tal forma que a sua simples presença e o seu vínculo, muitas vezes silencioso, provoca na pessoa em sofrimento uma verdadeira convulsão em todos os níveis (neuronal, metabólico, afetivo, corporal), contribuindo para a transformação de suas representações, de suas novas formas de se relacionar, de modo que a pessoa consegue ressignificar os seus traumas em vez de desmoronar psiquicamente. [...] Algumas vezes, isso ocorrerá pela criação de vínculos estáveis e duradouros, fundamentados no cuidado e no amor incondicional, uma estrutura afetiva que permitirá à pessoa submetida a uma situação adversa rastrear os recursos pessoais e ambientais de que dispõe, para que seja autônoma na resolução de suas dificuldades" (Rubio, J. L., y Puig, G., *Tutores de resiliencia*).

22
MEDO NAS AULAS: O BULLYING

Hoje em dia, tem crescido significativamente o número de estudantes que vivem assustados durante o período escolar. Sentem-se intimidados por algum colega de classe ou da escola, que os provocam por meio de ameaças, zombarias, humilhações ou agressões físicas, a fim de dobrar a sua vontade e obrigá-lo a fazer o que o agressor quiser. A intimidação pode ser física ou psíquica, e, em geral, os intimidados não resistem, principalmente os que são mais inseguros, fracos e solitários.

O agressor maltrata a sua vítima em meio à indiferença e ao silêncio dos companheiros de escola, pois estes também têm medo de ser agredidos. Busca-se isolar o maltratado ignorando-o, impedindo assim que participe na vida do grupo. Em outras ocasiões, é a própria vítima que se isola, como mecanismo de defesa e devido ao medo insuperável. A intimidação pode ocorrer de quatro formas: física (agressões), verbal (insultos, apelidos, ameaças), psicológica (minar a autoestima), e social (isolar o aluno do grupo).

A vítima passa a sofrer num grau elevado de ansiedade durante muito tempo, especialmente quando foi humilhada. Os suicídios de adolescentes devido ao *bullying* são notícia frequente nos jornais.

O *bullying* não surge espontaneamente. É a expressão de uma crise social: a violência permeia a sociedade inteira e deixa muitos adolescentes frios e insensíveis. Basta um dado para termos noção do tamanho desse problema: em um estudo recente entre a população de Madri descobriu-se que 14 mil estudantes sofrem assédio escolar grave. Por outro lado, os suicídios de adolescentes devido ao assédio nas escolas são notícia comum nos jornais espanhóis. Um exemplo: "A adolescente que pulou há dois dias do quinto andar faleceu na manhã de ontem, na UTI do hospital onde permanecia em estado de morte cerebral. A Polícia Nacional investiga o caso depois de encontrar uma carta em que a jovem explicava as razões de seu desespero e confessava que sofria assédio escolar. No mesmo dia do ocorrido, ela contou a uma colega de classe que não aguentava mais e que tinha vontade de morrer. A sua origem sul-americana e os comentários racistas foram as causas do assédio" (*El Mundo*, 12-03-2014).

Em alguns casos, o *bullying* é seguido pelo *ciberbullying*. Trata-se do uso dos meios de comunicação (internet e smartphones) para cometer assédio psicológico entre adolescentes. O *ciberbullying* é especialmente preocupante por conta do anonimato e por não se perceber de forma direta o dano causado. Alguns exemplos: divulgar na internet dados prejudiciais sobre a vítima, verdadeiros ou falsos; criar perfis falsos em nome da vítima nas redes sociais, onde são compartilhadas supostas confissões vergonhosas; enviar mensagens ameaçadoras por e-mail.

Que tipo de personalidade costuma ter o agressor na escola? Não tem nenhuma empatia, e falta-lhe também sensibilidade para se colocar no lugar da vítima, ignorando o sofrimento alheio. Não tem sentimentos de culpa, e sua autoestima baixa o impulsiona a usar a violência para se autoafirmar e obter o reconhecimento dos demais. E como é, por sua vez, a personalidade da vítima de assédio? Existem traços comuns que constituem fatores de risco: falta de confiança em si mesmo; baixa autoestima; vulnerabilidade psicológica e forte dependência do entorno familiar. Basta que um aluno tenha um traço diferenciador para ser alvo de zombaria (o aluno novo na sala, o "nerd", o imigrante etc.).

A experiência mostra que agir após o abuso não é eficaz; a boa prevenção, ao contrário, costuma ser essencial. Dentro do grupo, é muito importante promover valores como companheirismo, solidariedade e respeito, embora hoje em dia isso não seja suficiente, fazendo-se necessário um procedimento que incida diretamente nas causas do assédio — como por exemplo o método KiVa, criado na Finlândia em 2008 em resposta a um acontecimento terrível: em 2007, um jovem armado entrou em uma escola e matou seis estudantes, a diretora e uma enfermeira, matando-se a si mesmo em seguida. Mais tarde, soube-se que ele havia sofrido assédio na escola durante muitos anos.

O método KiVa foi criado por Christina Salmivalli, pesquisadora e psicóloga da universidade finlandesa de Turku. Trata-se de uma abordagem contrária ao enfoque tradicional (baseado na punição do agressor) por levar em conta que, entre os adolescentes, ser cruel costuma trazer popularidade. O KiVa se concentra em fazer com que a turma da classe se solidarize com o colega maltratado; desse modo, o agressor perde prestígio entre os demais. Os antigos cúmplices do agressor se transformam em defensores da vítima e protagonistas da ação preventiva na escola. Sua ação solidária é uma vacina que imuniza contra o *bullying*.

Com a aplicação do programa, as agressões foram reduzidas em 40% no primeiro ano, e o KiVa foi implantado em vários países da Europa e nos Estados Unidos. A experiência obtida confirma, mais uma vez, que na educação é sempre melhor prevenir do que remediar. Evitar que os outros notem que o colega tem problemas pessoais — isso impede que ele pareça indefeso e seja alvo fácil para um possível agressor; fazer amigos que sirvam de apoio e conviver com eles; não ficar sozinho; não demonstrar medo (cf. Reyzabal, M. V. e Sanz, A. I., *Resiliencia y acoso escolar*).

Qual é o papel do professor em relação ao estudante agredido? Falar da agressão; criar um consenso de normas relacionadas à rejeição ao agressor a seus cúmplices silenciosos; controlar os alunos durante o recreio; estar atento a qualquer possível início de situações de agressão. Posteriormente, deverá informar os pais ou responsáveis, tanto do agressor quanto da vítima, e a direção da escola.

E o papel dos colegas do estudante agredido? Crianças e adolescentes devem ser incentivados a oferecer apoio emocional e social aos colegas em situação de ameaça ou perigo (Cowie e Smith, 2013). No início de abril de 2014, a Espanha implementou a primeira experiência de formação de jovens para atuar como mediadores nos conflitos das salas de aula. O primeiro efeito positivo foi o de contrabalançar o peso negativo que as testemunhas silenciosas podem ter nas dinâmicas de agressão, revertendo esse efeito perverso na criação de um entorno de apoio à vítima (cf. Reyzabal, M. V. e Sanz, A. I., *Resiliencia y acoso escolar*).

E o papel dos pais? Estar atentos a um possível caso de agressão, observando os sintomas (um deles é o filho pedir que o acompanhem na entrada e na saída da escola); escutar e dar crédito ao que diz a criança; comunicar o fato; fazer uma ação conjunta família-escola. Aconselhar o filho a não reagir com medo, nem com violência. Se o agressor não consegue amedrontar a sua vítima, ele geralmente abandona a violência.

23
O COMPORTAMENTO NARCISISTA E A MODA DAS SELFIES

O termo "narcisismo" foi inspirado em Narciso, personagem da mitologia grega que, incapaz de se apaixonar por uma mulher, apaixonou-se pela própria imagem ao contemplar o seu reflexo em um lago. Mais tarde, Freud considerou esse comportamento uma doença. Na segunda metade do século xx, Christopher Lasch concebeu o narcisismo como uma norma cultural e uma nova terapia para a neurose: a do culto do indivíduo, ligado à busca incessante por dinheiro e sucesso.

Atualmente, os comportamentos narcisistas se difundem como uma epidemia, tanto de forma individual quanto coletiva, e afetam pessoas de todas as idades. Pat MacDonald explica desta forma: "As qualidades narcisistas — um padrão geral de grandiosidade, necessidade de admiração e falta de empatia — estão em alta. Basta observar o consumismo desenfreado, a autopromoção nas redes sociais, a busca por fama a qualquer preço e o uso de cirurgia para frear o envelhecimento" (*Narcisismo en el mundo moderno*, 2014).

Com frequência, o narcisismo necessário ou saudável é confundido com o patológico. O primeiro é uma condição para se ter sucesso na vida. O segundo, ao contrário, é um transtorno de personalidade originário do amor exagerado que uma pessoa tem por si mesma. O narcisista pode ser reconhecido por seu comportamento egoísta: ele quer ser o centro das atenções, busca admiração e não admite os próprios defeitos. Constrói uma imagem grandiosa de si mesmo, por meio da qual tenta compensar a pobre realidade de seu ser. Dedica-se a inflar o próprio ego em vez de entrar em contato com quem realmente é e resolver o seu problema emocional.

Entre as possíveis causas da personalidade narcisista descobertas na pesquisa estão certos erros dos pais na educação familiar. Um deles é a severidade excessiva, unida à falta de carinho e maus-tratos ou humilhação. Outro erro é fazer o filho acreditar que é o melhor ou que é único.

Atualmente, os pais ficam assustados com os riscos que podem decorrer da baixa autoestima de seus filhos. Para prevenir esse problema, os pais são aconselhados a desenvolver essa qualidade através dos seguintes procedimentos: elogiar os filhos sistematicamente, independente de seu comportamento; sonhar baixo (para que depois não sofram decepções); reduzir as exigências

O COMPORTAMENTO NARCISISTA E A MODA DAS SELFIES

ao mínimo tolerável (para que nunca se sintam culpados por nada).

A experiência mostra que a autoestima não se desenvolve pela via do elogio contínuo ou da tolerância quase total. Os pais que buscam fortalecer o ego de seus filhos por esse caminho só conseguem enfraquecê-los e isolá-los.

Ao fator familiar soma-se o ambiental. Muitos sociólogos argumentam que hoje os filhos estão nascendo e crescendo em uma sociedade narcisista. Lowen, no já citado livro *Narcisismo: A negação do verdadeiro self,* afirma que "o narcisismo individual corre paralelo ao cultural: o indivíduo molda a cultura segundo a sua própria imagem, e a cultura, por sua vez, molda o indivíduo".

Entre os jovens de hoje o culto à própria imagem nas redes sociais, conhecido como Síndrome de *Selfie*, causa furor: eles fotografam a si mesmos com um smartphone para publicar e compartilhar a imagem com outras pessoas. Cada autorretrato vem com uma legenda. Por exemplo: "Eu e meu cachorro", "Eu e minha moto", "Eu comendo", "Eu à beira de um precipício". Quando o culto à própria imagem limitava-se ao olhar-se a si mesmo no espelho, não era possível difundi-lo. Hoje, ao contrário, os novos "Narcisos", com acesso às redes, têm a possibilidade de ser hipernarcisistas.

As *selfies* estimulam a vaidade e o desejo de fama, o que pode acarretar efeitos negativos e sérios riscos. As manchetes de jornais volta e meia noticiam acidentes mortais de adolescentes que buscavam fotografar-se em lugares muito perigosos. Por exemplo: "Garoto de 15 anos morre ao cair de telhado quando tentava fazer *selfie*".

Tirar uma foto de si mesmo e publicá-la nas redes sociais exige dos usuários uma retroalimentação em forma de "curtidas". E a ânsia de verem-se a si mesmos com um aspecto melhor tem deixado muitos obcecados em corrigir defeitos faciais com cirurgias plásticas.

O que é mais necessário hoje em dia, quando estamos condicionados por uma cultura ególatra que alimenta o narcisismo social? Na opinião do psiquiatra britânico Glynn Harrison, "precisamos ter uma percepção de nós mesmos que seja realista e bem fundamentada, que não se concentre em afirmar a nossa própria importância, mas em servir a um propósito maior do que nós mesmos" (*El gran viaje del ego*, 2017).

Os comportamentos narcisistas individuais são tão antigos quanto o homem. A grande novidade de nossa época é que a cultura e a sociedade também são narcisistas.

O narcisista pode ser reconhecido por seu comportamento egoísta e pelo desejo de ser admirado. Preocupa-se apenas consigo mesmo. Além disso,

O COMPORTAMENTO NARCISISTA E A MODA DAS SELFIES

carece de empatia e não sente compaixão pelas pessoas que sofrem, tampouco sente remorso por sua falta de sensibilidade.

É importante distinguir entre uma autoestima saudável, que não é narcisismo, e uma disforme "inflação do eu". Essa inflação, por sua vez, é narcisismo como culto ao ego, em alguns casos, e narcisismo como negação do ego, em outros. Este último é um transtorno da personalidade que costuma afetar principalmente os adolescentes, por ter ainda um eu fraco e inseguro, que renegam. Caracteriza-se por uma preocupação excessiva com a própria imagem em detrimento do que são e sentem.

Indo contra o que geralmente se acredita — que os narcisistas não se amam a si mesmos — Lowen afirma: "São pessoas que não conseguem aceitar a sua verdadeira personalidade e em seu lugar constroem uma máscara permanente que esconde a sua falta de sensibilidade emocional. Estão mais preocupados com a sua aparência do que com os seus sentimentos" (*Narcisismo: A negação do verdadeiro self*).

A "hiperestima" geralmente atribuída àqueles que padecem de um transtorno narcisista é aparente, já que, na realidade, é muito baixa. Trata-se somente de uma fachada exterior, atrás da qual se esconde uma personalidade insegura e vulnerável; é simplesmente um mecanismo de defesa de um eu que se sente desamparado. Essa é a grande tragédia do adolescente narcisista: precisando de ajuda, ele não a busca.

O narcisismo como culto ao "eu" costuma ocorrer mais em adultos do que em adolescentes. São pessoas imaturas dominadas por uma vaidade e uma arrogância que se apresentam como algo normal na sociedade atual. Isso leva essas pessoas a prestarem uma atenção exagerada à aparência física e a priorizarem o sucesso econômico sobre os demais valores. Algumas criam imagens falsas de si mesmas com fotos nas redes sociais — são as falsas belezas, construídas pela cirurgia plástica, e os falsos atletas, que vencem com a ajuda de drogas.

Atualmente, o narcisismo está se propagando como uma epidemia, e afeta pessoas de todas as idades.

Citado no início deste capítulo, Lasch detectou, no fim do século xx, uma mudança radical na cultura: a eclosão de um individualismo generalizado que acarretava uma exaltação da visão de si mesmo. Nomeou o fenômeno como *cultura do narcisismo*.

Na mesma época, Gilles Lipovetsky descobriu a transformação cultural gerada pelo pós--modernismo: o crescimento perceptível de um *individualismo de tipo narcisista e hedonista* ligado a um vazio de ideais, crenças e convicções, e a um

O COMPORTAMENTO NARCISISTA E A MODA DAS SELFIES

enfraquecimento dos vínculos sociais e familiares. O filósofo analisou essa mudança em duas obras: *A era do vazio* e *O império do efêmero*.

Atualmente, os erros do narcisismo continuam a ser denunciados: "Vivemos em uma cultura que exalta a imagem; capaz de destruir o meio onde se vive, contaminando a água, o ar e a terra; capaz de priorizar o dinheiro e a riqueza material sobre as vidas humanas" (B. Velasco, Instituto de Psicoterapia de Andalucía).

Uma das principais causas do comportamento narcisista é superestimar e elogiar excessivamente os filhos como forma de elevar, artificialmente, a autoestima deles. Por isso, a educação deve destacar somente conquistas reais. Lembramos o que diz Glynn Harrison: precisamos de uma educação preventiva que promova "uma percepção de nós mesmos realista e bem fundamentada; que não se concentre em afirmar a nossa própria importância, mas em servir a um propósito maior do que nós mesmos".

É fundamental desmistificar os pseudovalores da cultura narcisista e promover na família, na escola e nos meios de comunicação uma cultura baseada no estudo das Humanidades e na prática das virtudes.

24
OS MAUS-TRATOS DE ALUNOS A SEUS PROFESSORES

O filme *Dança com lobos* (1990) descreve a longa viagem a cavalo do tenente John J. Dunbar a um posto fronteiriço do Oeste americano. Quando chega ao destino ele o encontra vazio, abandonado pelos soldados. A solidão leva Dunbar a se relacionar com os índios Sioux e com os lobos, e fica amigo de todos, em especial do lobo Duas Meias, que o acompanha em suas patrulhas.

O roteiro deste filme, dirigido e protagonizado por Kevin Costner, apresenta a situação de solidão e assédio em que se encontram muitos professores do Ensino Fundamental I e II. Todos os dias os professores são humilhados com agressões verbais, física ou psíquica pelos próprios alunos, o que parece confirmar a tese do filósofo britânico Thomas Hobbes: "O homem é o lobo do homem" (*homo homini lupus*).

Entendo que alguns desses professores já tenham "jogado a toalha", mas espero que os demais não façam o mesmo, pois, além de uma tragédia social, isso seria um fracasso da escola e da educação. O exemplo do tenente Dunbar pode ajudar esses professores a entenderem sua dura situação como um desafio educativo: aprender a conviver de forma pacífica e amistosa com os seus "alunos-lobo".

Um desafio educativo não menos difícil é aquele que foi enfrentado com sucesso pelo professor protagonista de *Ao mestre com carinho* (1967), que exerceu a liderança e conquistou, com muita habilidade e perseverança, os líderes da classe. Estes alunos eram jovens socialmente desajustados, cheios de uma rebeldia transgressora, ao passo que os violentos de hoje são simplesmente pré-adolescentes malcriados e com pouca tolerância à frustração, motivo pelo qual qualquer correção da parte dos professores os deixa enfurecidos.

A agressividade contra os professores em uma idade tão precoce (12 a 13 anos) é um fenômeno sem precedentes e, por isso, inesperado.

É muito difícil dar aulas para aqueles que se recusam a obedecer aos professores ("Quem é você para..."), trocam mensagens e fotos entre si com os seus celulares e escutam música enquanto comem doces. Chega um momento em que não conseguem mais enxergar a diferença entre comportamentos apropriados e inapropriados dentro da sala de aula, e assim a escola deixa de ser um lugar de aprendizagem e se transforma em uma extensão dos espaços de lazer.

OS MAUS-TRATOS DE ALUNOS A SEUS PROFESSORES

Após insultos e agressões os professores ficam em silêncio (fingem que não ouviram); recebem puxões de cabelo e continuam calados. Isso acarreta uma perda de autoridade e de identidade profissional progressivas. O silêncio dos professores e da direção da escola, por medo de possíveis represálias desses moleques metidos a valentões, cria uma tolerância à violência.

O recurso mais utilizado pelos professores que sentem medo ao entrar na sala de aula é ligar para o Serviço de Defesa do Professor, que oferece ajuda psicológica e jurídica. A cada ano, o serviço recebe mais de 3 mil ligações.

Muitos professores acabam por pedir transferência para outra escola ou até baixa do trabalho. Afirmam que não é possível fazer nada para erradicar essa mácula da escola atual.

Passamos do medo que os alunos sentiam dos professores para o medo que os professores sentem dos alunos. É difícil acreditar que na adolescência os alunos ajam com tanto atrevimento e crueldade com os professores por iniciativa própria. Creio que se trata de um comportamento adquirido por imitação fora da escola.

Sabe-se que muitos desses alunos agressivos ouvem as críticas duras e frequentes dos pais aos professores, e que esses pais costumam ir à escola para repreender os educadores. Um dos motivos mais comuns são as notas das provas, que deixam os pais irritados e obcecados, mas uma segunda causa do problema é o igualitarismo entre pais e filhos e entre professores e alunos. Eles tratam uns aos outros de modo informal e se consideram "colegas". Nesse contexto, não há lugar para a autoridade.

Por último, uma terceira causa: pais superprotetores e permissivos, que não corrigem os filhos com medo de que isso diminua a autoestima deles.

É sensato pedir aos professores do Ensino Fundamental I e II que enfrentem o desafio de endireitar esses alunos tão desviados? Os professores podem identificar os líderes entre os alunos e se apoiar neles. Também podem promover encontros lúdicos com os alunos fora da sala de aula (excursões, viagens, esportes etc.), para que estes conheçam a pessoa que está por trás do papel de professor e vejam que os professores não são os monstros que imaginam. O mais eficaz, no entanto, é a educação preventiva.

Os colégios poderiam ministrar cursos de orientação familiar para que os pais valorizem e exerçam a autoridade educativa e para destacar a importância da colaboração entre a família e o colégio — como infundir nos filhos o respeito pelos professores baseado no exemplo dos pais. As palavras movem; o exemplo arrasta.

25

OS MAUS-TRATOS FILIOPARENTAIS

Não seria a primeira vez que um pai repreenderia um professor após escutar a versão de seu filho: "Não consegui ligar para casa e dizer que estava me sentindo mal porque o professor pegou o meu celular, mesmo estando desligado."

Esses alunos sentem-se poderosos porque sabem que os professores não estão respaldados nem pelos pais (que costumam agir como "advogados de defesa" de seus filhos), nem, muitas vezes, pela direção da escola. Costumam ser os mesmos que são malcriados no ônibus: entram e saem com pressa, disputam os assentos até mesmo com pessoas idosas e largam as mochilas no chão. Se alguém os repreende, eles respondem de forma agressiva.

De onde procedem esses hábitos de desobediência, indisciplina e falta de respeito que os jovens, ao menos aparentemente, não consideram maus e pelos quais não se sentem culpados?

Uma causa frequente é a falta de autoridade e a educação permissiva por parte de alguns pais:

"Em muitos lares, a criança se transformou na figura dominadora da casa: assiste ao que quiser na televisão; entra e sai para a rua conforme a sua vontade; come somente o que gosta e na hora que quer. Qualquer mudança que signifique uma perda de seu poder, de seu domínio, gera tensões na vida familiar: a criança fica difícil no trato, deprime-se ou fica agressiva. Sabe que as birras e os choros servem para que ela alcance os seus objetivos. São crianças mimadas, caprichosas, sem normas, sem limites, que impõem os seus desejos diante de pais que não sabem dizer não. Quando a criança vive sem limites, o terreno está livre para a dureza emocional e a tirania" (Javier Urra, na revista *Psychologies*, n. 6, julho de 2005).

Essa questão é uma "mina de ouro" para tirinhas humorísticas. Um cartum de Forges, por exemplo, mostra o diálogo entre um psicólogo infantil e os pais de uma criança que segura um martelo. Os pais pediram conselhos para orientar a criança, que era um pouco travessa.

— Avaliando cientificamente a situação, inclino-me a tirar o martelo dela.

— Isso não a deixaria traumatizada?

— Não, tolinho, não.

Os casos de menores que maltratam os pais dispararam na última década, ainda que, na maioria das vezes, fiquem ocultos. As consequências são absolutamente devastadoras para as vítimas, mas também para os agressores.

Desde de 2007, mais de 17 mil menores, a partir dos 14 anos, foram processados na Espanha por agredirem, física ou psiquicamente, os seus progenitores durante a convivência. O número de casos aumentou até 2010, quando a Procuradoria detectou certa diminuição em relação a 2009 (4.995 contra 5.201). O órgão destaca, no entanto, que não é possível falar em diminuição, apenas em certa "estabilização".

A via penal é o último passo que as famílias costumam dar, e o fazem quase sem ânimo, quando os seus bens ou a sua própria vida correm perigo; exaustas após andarem durante meses, possivelmente anos, buscando um saída. Esses casos extremos tornam-se mais visíveis, mas muitos outros, impossíveis de quantificar, permanecem ocultos atrás da porta de casa. É no interior do lar onde o conflito explode com toda a sua crueza, mas é ali também que se encontram as causas e, sobretudo, a solução.

Os adolescentes e jovens que maltratam os pais têm traços diferenciados dos demais infratores. Costumam ser adolescentes que receberam uma educação autoritária (controle inflexível dos pais), permissiva (pais superprotetores, que não exercem a autoridade e satisfazem imediatamente os desejos da criança) ou cujos progenitores atravessam momentos de extrema dificuldade e não agem como tais, deixando de lado o cuidado e o controle do menor.

Em geral, esses meninos e meninas não interiorizaram limites e normas claras, não aceitam nenhum tipo de controle e são incapazes de lidar com frustrações. O seu rendimento escolar costuma ser muito baixo. Comportam-se de forma egoísta com os pais e de forma submissa com os demais. A violência normalmente se limita ao âmbito familiar.

Geralmente são menores com uma identidade frágil, dependentes e que sofrem um grande conflito interior. Esses traços, unidos a um caráter muito impulsivo, formam uma carga explosiva que atinge em cheio os mais próximos. As vítimas são, na maioria dos casos, as mães, e, entre os agressores, há uma maioria de rapazes, embora mais garotas sejam presas por maus-tratos do que por outros tipos de delito.

Estela, que prefere manter a identidade em segredo por respeito "a seu filho e a si mesma", viu-se presa nessa espiral de violência extrema que resultou no internamento de seu único filho, de 16 anos, em um centro de menores por maus-tratos. Foi a última parada de uma descida aos infernos.

"Não podemos permitir que ele maltrate os pais. Tirá-lo de casa é o último recurso, mas às vezes é necessário", diz o tutor.

Aos 12 anos, Roberto (nome fictício) começou a ter um rendimento escolar cada vez mais baixo e a manifestar um comportamento violento. Com frequência, sua mãe recebia ligações dos psicólogos da entidade, e havia dias em que a lista das brigas era tão longa que eles perguntavam ao rapaz: "Como é possível que, em um único dia, você tenha conseguido discutir ou brigar com tantas pessoas?"

Roberto passou a ser um aluno "problemático": as expulsões começaram a se suceder, e o centro "convidou" os pais a transferirem-no para outro colégio. O rapaz passou por oito centros educacionais diferentes, dois deles internos, fora de Madri e até fora da Espanha, mas os problemas de comportamento não amenizaram e a deterioração da convivência familiar continuou a sua escalada. "Eu preferia que me dissessem que o meu filho está doente porque assim haveria cura, tratamento... Mas essa falta de limites, essa agressividade... A gente não sabe como resolver." O desconcerto de Estela é o de tantas outras famílias que não conseguem assimilar o que está acontecendo.

"Não há um diagnóstico que se ajuste exatamente ao fenômeno. Esses menores não têm uma patologia definida", explica Maria González, terapeuta da Clínica de Psicologia da Universidade Complutense, onde, desde 2007, se aplica um programa de intervenção específico para menores — entre

13 e 17 anos — com problemas de agressividade no contexto familiar.

As agressões físicas não surgem de repente. Se deixamos que a violência cresça, aumente, mais difícil será controlá-la. Por isso os pais devem pedir ajuda aos especialistas desde as primeiras manifestações.

De acordo com a legislação espanhola, se o agressor for menor de idade, o caso será conduzido por um Juizado de Menores, e, se for maior, será conduzido por um Tribunal de Instrução, cujo trabalho é investigar os fatos denunciados.[1]

Para uma mãe ou um pai, denunciar publicamente que estão sendo maltratados por um filho, seja física ou psicologicamente, não é tarefa fácil, pois temem as possíveis consequências. Porém, a melhor forma de lidar com esses fatos, que têm uma repercussão profunda e duradoura na vida dos afetados, é a denúncia. Qualquer pessoa que tenha conhecimento de uma situação de possíveis maus-tratos não só pode, como deve denunciar.

Além disso, existem órgãos públicos que oferecem aconselhamento e ajuda a pessoas que se encontram em situação de violência familiar, como os Centros de Atenção à Família (CAF). São

---

[1] No Brasil, vale o mesmo: o caso do menor será conduzido pelo Juizado de Menores, regido pelo ECA, e o do maior, julgado pela Justiça comum segundo o código penal — NE.

entidades municipais especializadas em todas as áreas da família e focadas em ajudar os pais nas diferentes atividades parentais, com o objetivo de prevenir possíveis conflitos ou ajudar a solucioná--los, nos casos em que já existam.[2]

As situações de violência devem ser interrompidas, e a única maneira de evitá-las é mediante a prevenção através da educação. Diante de qualquer caso de violência dentro da família, *o mais importante é buscar ajuda*, seja institucional ou legal, e tomar todas as medidas necessárias.

O perfil do filho tirano é este: intolerante a frustração, inseguro, dependente, com um "eu" fraco, que tenta parecer forte por meio da violência; personalidade impulsiva e sem sentimentos de culpa. A sociedade o induz a isso, pois não ajuda na interiorização do mal cometido e não o relaciona à moral, encaminhando-o para a terapia asséptica dos especialistas. Esses filhos têm pouca capacidade de introspecção e autodomínio. Em quase todos os casos, os rapazes que agridem os pais não negam a violência — pelo contrário, relatam-na com tanta frieza que deixam qualquer um extremamente impressionado.

Hoje, as famílias são muito mais diversificadas e reduzidas em número de filhos, o que, muitas vezes, resulta em um excesso de cuidados. Hoje

---

[2] No Brasil, indica-se procurar diretamente o Juizado de Menores — NE.

em dia os pais adotam papéis tão diferentes quanto de chofer, cozinheiro, mordomo... com a missão de promover o sucesso e uma falsa felicidade da criança acima de tudo, desprezando as tarefas domésticas e valores como solidariedade, honra e amizade. Há uma moda de acreditar que os pais têm de ser amigos dos filhos, tirando os limites de seu comportamento, sem exigir obediência e respeito.

    A ruptura com os modelos de autoridade deu lugar a um vazio, acompanhado de um clima de incerteza moral que dificulta a educação dos filhos.

26
A SÍNDROME DO PEQUENO IMPERADOR

A fase da infância, comparada com a da adolescência, sempre foi mais tranquila para os educadores, pois as crianças são mais simples, estáveis e dóceis do que os adolescentes. No entanto, atualmente, muitos adolescentes trocaram a rebeldia pelo conformismo, e muitos pais substituíram a exigência pela tolerância. Aparentemente, não há mais conflitos geracionais. Mas, para que os pais não se "entediem", agora estão surgindo conflitos de outro tipo com filhos pré-adolescentes.

As novas crises paterno-filiais são protagonizadas por crianças mimadas que, com frequência, tornam-se tiranas: sofrem da Síndrome do Pequeno Imperador, consequência de um amor paterno mal compreendido.

Muitas crianças hoje desfrutam de uma permissividade quase total dentro de casa, a ponto de a vida familiar girar em torno do que elas querem. Por exemplo, todos têm de assistir ao seu programa de televisão preferido, comer na hora que elas querem etc.

Cada vez mais crianças se transformam em senhoras de seus lares. Algumas se comportam de forma despótica com os pais, exigindo que satisfaçam todos os seus desejos sem demora. Se, em alguma ocasião, os pais não as satisfazem em algo, as crianças têm reações violentas (ataques de raiva, gritos, insultos, agressões etc.). Em 90% dos casos, a mãe é a principal vítima.

A excessiva permissividade e tolerância paterna faz com que essas crianças se tornem ditadoras em sua família. Como estão acostumadas a ter tudo do seu jeito e a não encontrar limites para o seu comportamento, não aceitam um "não" como resposta. Não foram preparadas para tolerar frustrações, por menores que sejam (por exemplo, que alguém tire o pote de geleia após elas terem passado o doce mais de dez vezes no pão).

As crianças não nascem tiranas: são criadas. Em raríssimos casos, o fator genético pode influenciar, e normalmente comportam-se da seguinte maneira: são exigentes, mandonas, egoístas, caprichosas, irritadiças, descontentes, mal-humoradas, ciumentas e invejosas. Com esse comportamento, elas raramente são aceitas nas brincadeiras e turmas de amigos.

Além disso, carecem de sensibilidade e empatia, motivo pelo qual não sentem culpa e compaixão pelas pessoas que maltratam. Os comportamentos muito agressivos, como desafiar os pais e agredi-los, geralmente não ocorrem antes dos 13 anos. Os pais têm muita dificuldade em aceitar que um filho seu seja um tirano. Admitem, quando muito, que é um pouco "levado". No entanto, esses mesmos pais detectam facilmente a tirania nos filhos dos outros.

Em defesa dos pais de crianças tiranas, é preciso dizer que têm de enfrentar uma situação incomum, para a qual não existem soluções conhecidas. A esses pais, em geral, falta caráter, firmeza ou recursos para exercer a autoridade. Em alguns casos, eles justificam-se dizendo que a autoridade cria filhos reprimidos; confundindo autoridade educativa com autoritarismo.

Para prevenir a violência nas crianças, é essencial colocar normas e limites para o seu comportamento, para que desde pequenos aprendam que não podem ter tudo o que desejam. Também é recomendável dar-lhes responsabilidades conforme a idade de cada um. Por último, é bom permitir que às vezes sintam pequenas frustrações, pois assim aprenderão a tolerá-las.

Essa síndrome costuma afetar principalmente os adolescentes, mas existem muitos casos de crianças que se comportam como tiranas e deixam toda a família pisando em ovos.

Muitos pais sentem que são os únicos ou os principais culpados, mas os especialistas também apontam causas genéticas e ambientais: os filhos vivem em uma sociedade consumista e individualista, que prioriza o sucesso sem esforço e a curto prazo.

A identificação precoce do transtorno é fundamental. Se detectado a tempo, e se for administrado o tratamento psicoeducativo, com a colaboração ativa da família, o problema pode ser resolvido. Os estudos também revelam que a mãe é a vítima em 87% dos casos.

Outras características das crianças com Síndrome do Pequeno Imperador: sentem-se tristes, chateadas e ansiosas; têm baixa tolerância à frustração, seguida de ataques de raiva e reações de ira; são muito centradas em si mesmas; têm baixa autoestima; culpam os demais por seus erros e fracassos; exigem atenção constante de seus pais.

O elemento essencial dessa síndrome é a ausência de consciência. São crianças que, geneticamente, têm mais dificuldade para perceber emoções e fazer distinções morais ou éticas.

Essas crianças são incapazes de desenvolver emoções como a empatia, o amor ou a compaixão, o que se traduz em dificuldade para mostrar arrependimento por suas más ações (na realidade, não sabem que estão cometendo uma má ação). Não são crianças que em algum momento perderam a capacidade de ser empáticas; são crianças que nunca tiveram essa capacidade.

Por outro lado, podem ser levadas em conta certas causas sociológicas, como um ambiente em que o sentimento de culpa seja desvalorizado e o consumismo, a gratificação imediata e o hedonismo sejam incentivados (valem como exemplo os concursos e *reality-shows* em que fatores como esforço, inteligência e empatia não são válidos para o sucesso).

Alguns especialistas afirmam que é um problema de má-educação, de excessiva permissividade tanto familiar quanto social, que faz com que algumas crianças mimadas e caprichosas em pouco tempo se transformem em autênticos ditadores. Outros especialistas, ao contrário, argumentam que a causa é dupla, e que, embora o ambiente seja determinante, é preciso contar com a predisposição genética.

O psicólogo criminalista Vicente Garrido alerta para o fato de que os jovens, de modo geral, perderam o desenvolvimento do "compromisso moral" e do "sentimento de culpa", o que produz efeitos "catastróficos" naqueles que têm dificuldades para uma boa aprendizagem dos princípios morais e que podem transformá-los em pessoas violentas e agressivas.

Entre as causas que motivam o surgimento dessa síndrome, Garrido aponta os pais que não têm tempo nem aptidões adequadas para se imporem; professores sem autoridade; e uma sociedade mais permissiva, que valida a perspectiva profundamente egocêntrica dessas crianças.

O grande erro dessa sociedade foi pensar que a consciência e a culpa não eram importantes, substituindo-as pela tolerância.

Para Garrido, ainda que seja um problema que tenha uma base genética, este se multiplica no contexto atual devido à menor capacidade da família para educar, e porque a sociedade fomenta comportamentos permissivos com os menores.

Já a psicóloga e psiquiatra infantil espanhola Maria Jesús Mardomingo destaca a falta de sensibilidade:

> A insensibilidade é uma característica dessas crianças. Vejo pequenos que desde os três anos têm ataques de raiva tremendos. Não obedecem, são agressivos e ainda na creche agridem outras crianças e não sabem brincar se não for através da imposição e da violência. Felizmente, os comportamentos verdadeiramente agressivos e perigosos, como desafiar os pais e bater neles, representam uma porcentagem menor e ocorrem a partir dos 13 ou 14 anos. E, se há uma predisposição genética, para mim, sem sombra de dúvida, o que facilita o florescimento desses transtornos de conduta são os fatores ambientais.
>
> Estamos diante de jovens que têm tudo, para os quais não foram colocados limites. Acredito que seja preciso recuperar os princípios de autoridade, tanto a paterna quanto a da escola, mas principalmente a dos pais. Não soubemos colocar limites para os nossos filhos, é a lei do pêndulo, vamos de um extremo a outro.

A SÍNDROME DO PEQUENO IMPERADOR

O professor José Manuel Esteve (2003) relatou um caso real de pequeno ditador, desencadeado pela falta de autoridade dos pais:

> Uma mãe me contou, em prantos, que o seu filho, então com 14 anos, tinha lhe dado um chute por ela ter passado sem querer na frente da televisão no momento em que marcaram um gol, quando ela levava para ele uma bandeja com o jantar. A mulher também confessou que, desde pequeno, o rapaz não aceitava outro cardápio senão ovos fritos com batata. Ela nunca tivera coragem de corrigi-lo ou de colocar limites.

As crianças tiranas costumam ser muito egocêntricas e estendem esse traço para além do normal (os primeiros seis anos), podendo mantê-lo durante a adolescência e juventude. Vivem somente para si mesmas e não movem uma palha para ajudar a sua mãe, ainda que a vejam entrar em casa sobrecarregada de sacolas de compras. Esse ego infantil desmesurado é favorecido pela escassa presença dos pais em casa e pela permissividade. O resultado costuma ser um filho déspota que pretende impôr os seus gostos e hábitos a toda a família.

Alguns pais permissivos disfarçam a sua fraqueza como tolerância. Orgulham-se de serem pais "liberais", que aspiram a que os filhos desfrutem da infância sem nenhuma restrição. Os filhos que encontram limites em sua família se adaptam melhor à vida do que aqueles que sempre tiveram tudo do jeito deles.

Vicente Garrido afirma que a personalidade desses jovens se assemelha à do psicopata. Eles têm características típicas desse transtorno, como uma grande impulsividade, um profundo egocentrismo e uma incapacidade de sentir culpa e mostrar arrependimento. Diante do desespero dos pais, broncas, castigos e conversas de nada servem. Eles têm comportamentos habituais de insolência, mentiras e até atos cruéis com irmãos e amigos.

O que podemos fazer para prevenir a violência de nossos filhos?

- Não ser violentos com eles. Não bater em nossos filhos nem aplicar qualquer forma de maus-tratos é fundamental para que eles não vejam a agressividade como uma forma normal de se relacionar. Uma das consequências das palmadas é a normalização da violência.
- Devemos educá-los nas emoções. Lembremo-nos de que a educação emocional é essencial para que as crianças de hoje sejam adultos capazes e felizes. A redução da violência e o altruísmo estão vinculados à aprendizagem emocional. E, para isso, é indispensável ensinar a criança a gerenciar as suas emoções.

27

O VÍCIO EM ÁLCOOL

A partir da década de 1980, surge uma nova preocupação para os pais de adolescentes: o risco de que os filhos se tornem consumidores de álcool. O que mais alarmou os pais foram as manchetes dos meios de comunicação em todo fim de semana: "Adolescente morre em acidente de trânsito; dirigia embriagado"; "Jovem é hospitalizado com urgência por coma alcoólico"; "Três ficam feridos por faca após briga em meio a bebedeira."

A cada ano, os adolescentes começam a consumir bebidas alcoólicas cada vez mais cedo. O risco de se tornar alcoólatra é maior quanto menor for a idade em que se começa o consumo.

Os alertas sobre o perigo de os adolescentes consumirem álcool são muito antigos. Platão afirmou que os mais jovens "deveriam se abster de bebidas alcoólicas até os 18 anos, dado que não é conveniente jogar azeite no fogo". Muitos séculos depois, a mesma advertência continua, e com maior razão, pois a idade de consumo vem diminuindo progressivamente.

Atualmente, a primeira embriaguez ocorre por volta dos 12 ou 13 anos, principalmente na turma que costuma ir para a balada nas noites de fim de semana, no grupo do "goró".

A Organização Mundial da Saúde apontou as causas do consumo de álcool por adolescentes: curiosidade; para ser aceito no grupo de amigos que bebem; pela presença do álcool ao alcance de qualquer um; por falta de afeto e indiferença no meio familiar; por separação, doença ou morte dos pais; por pressões e tensões familiares ou escolares; por um baixo nível de autoaceitação e autoestima.

Para muitos adolescentes, o primeiro consumo de álcool tem um simbolismo social e cultural; é um novo rito de iniciação para a vida adulta. Alguns adolescentes correm voluntariamente o risco de embriagar-se, chegando a um estado de excitação quase equivalente à embriaguez. A experiência mostra que essa fronteira é muito difícil de ser mantida, pois o corpo pedirá que bebam mais.

A maioria dos adolescentes relaciona "sair" com beber. Acreditam que, se não bebem, não se divertem. Muitos começam a beber assim que saem de casa e de forma compulsiva, para ficarem logo "chapados"; desse modo, o álcool funciona como uma droga. O risco de desenvolver alcoolismo, volto a dizer, aumenta quanto mais cedo se começa a beber.

A conhecida frase "preciso de uma bebida" é um clichê emocional ao qual recorrem aqueles

O VÍCIO EM ÁLCOOL

que bebem para se recuperar do estresse do dia a dia ou para preencher um vazio existencial. Dizer "preciso de uma bebida" não é a mesma coisa que "gosto de beber". No primeiro caso, atribui-se qualidades milagrosas à bebida. Essa frase já não é mais exclusiva de adultos. Atualmente, muitos adolescentes e jovens a utilizam — em alguns casos, por imitação dos pais. O tema aparece até em algumas de suas músicas favoritas: *"Estoy aqui en mi casa, muy aburrido / pasando como un tonto las horas sin sentido [...] / Lo que necesito es um trago/ para poderme estabilizar"* [Estou em casa, muito entediado/ passando como um bobo/ as horas sem sentido [...] O que eu preciso é de um gole/ para poder me acalmar] (Grupo Tequila).

Eles se deixaram convencer pelo mito de que a bebida nos alegra. A verdade é outra: o álcool é um depressivo, e, após a breve euforia inicial, vem o declínio e uma possível ressaca.

As advertências costumam ser úteis na primeira fase do bebedor, mas não quando o hábito está enraizado. É possível que a ironia dos humoristas sirva para a reflexão de alguns: "Rum com gelo faz mal para o fígado; vodca com gelo danifica os rins; uísque com gelo faz mal para o coração; cerveja com gelo faz mal para o cérebro. Conclusão: como o gelo faz mal!"

A adolescência vem com o risco de cair em possíveis vícios. Alguns dizem que "ficam alegrinhos" com uns goles só para "se soltar" nas festas e se divertir. Os adolescentes mais sensatos pensam de outro modo: "Não me parece certo ter de se drogar para se divertir. Tenho o direito de ser diferente, de ser eu mesmo. Ser alegre é muito melhor do que 'ficar alegrinho'".

Os adolescentes são levados a beber por seu afã de provar e experimentar tudo. A isso se acrescenta uma grande tolerância social com o consumo de álcool na adolescência.

Para poder se integrar ao grupo, um adolescente abstêmio tem de se adaptar aos costumes, e um desses costumes, com frequência, é o álcool. Aquele que se negar a beber geralmente será o primeiro ridicularizado e, depois, rejeitado.

No trabalho de prevenção ao alcoolismo, o testemunho de ex-alcoólatras é muito eficaz. O de Pilar, por exemplo: "Tomei o primeiro gole aos 17 anos, para superar a timidez e me relacionar com os outros garotos. Lembro que bebíamos de um jeito muito diferente de como os adultos bebem. Os adultos bebem por costume social; por isso conseguem manter o hábito até a velhice. Nós, os jovens, bebíamos para ficar bêbados o quanto antes, para nos drogar com a bebida... nos destruíamos misturando todo tipo de bebida forte. Uma vez me levaram para o hospital em coma alcoólico."

Para se curar, o alcoólatra precisa reconhecer que tem um problema e aceitar o tratamento.

Primeiro vem a desintoxicação, depois, a psicoterapia, que geralmente envolve a ajuda mútua entre alcoólatras. Patrícia Owen, diretora Fundação Hazelden, em Minnesota, Estados Unidos, comprovou que, para se recuperar, os pacientes precisam de muito apoio afetivo e do fortalecimento da vontade. Nesse processo, a companhia de um familiar ou amigo é muito importante.

Sugiro que sejam organizadas mais campanhas preventivas contra o consumo excessivo de álcool, apresentando-o como substância nociva e viciante. Continuar desculpando os que se embriagam e rir de suas "brincadeiras" é ser cúmplice de quem atenta contra a saúde.

Em 2016, a morte de uma adolescente de 12 anos por "bebedeira" em San Martín de la Vega, Madri, gerou um grande alarme social. Na "bebedeira", não se bebe para degustar as bebidas, mas para se embriagar rapidamente. O álcool tem, assim, um efeito de droga.

Sonsoles Echavarren, jornalista do *Diário de Navarra*, fez uma brilhante e esclarecedora reportagem sobre esse problema no dia 19 de novembro do mesmo ano. A reportagem informava que, em algumas comunidades espanholas (Navarra, por exemplo), o número de atendimentos a menores de idade por intoxicação alcoólica havia triplicado desde 2001.

Cito um parágrafo-chave da reportagem: "Cada vez mais menores de idade chegam inconscientes e de ambulância aos prontos-socorros pediátricos. São adolescentes de 11 a 14 anos que consumiram mais álcool do que o seu corpo pode aguentar. De noite, em um terreno baldio ou em um porão, esses jovens 'enchem a cara' com vodca, uísque, rum ou gim."

Além disso, o jovem embrigado chega ao hospital sem estar acompanhado de seus "amigos", pois estes evitam ser descobertos e castigados por seus pais.

Para se compreender a gravidade desse fenômeno, os testemunhos reais de adolescentes viciados em álcool costumam ajudar mais do que as estatísticas. Eis um deles:

> Eu preciso beber. Me preocupa muito o fato de eu me sentir dependente do álcool. Não consegui fazer nada para parar desde que comecei, aos 16 anos, para desinibir e enfrentar a timidez. Agora tenho 25, conheço os efeitos letais que esse odioso hábito causa em meu cérebro, e, ainda assim, continuo me afundando. Perdi o controle. A maioria dos jovens da minha idade bebe como se fosse um ritual. Os meus pais, claro, não sabem de nada.

Alguns vícios em álcool estão relacionados a tensões e falta de afeto no ambiente familiar. Outros, ao desconhecimento das condições psicofísicas em que os filhos voltam da "bebedeira". Mas o fator

O VÍCIO EM ÁLCOOL

mais decisivo são os maus exemplos paternos (a falta de sobriedade e o costume de comemorar tudo com álcool). Não menos influentes são algumas omissões na educação, como não educar os filhos nas virtudes da temperança e da sobriedade e no uso imaginativo e responsável do tempo livre.

Na prevenção, é muito importante que o filho adquira o hábito de enfrentar e resolver os seus problemas pessoais em vez de tentar esquecê-los com a bebida alcoólica. Esse objetivo pode ser apresentado em forma de desafio. É preciso falar para ele a respeito do valor do espírito de luta em tudo o que está relacionado ao aperfeiçoamento pessoal.

O filho viciado em álcool costuma padecer de doenças da vontade como apatia, abulia, dispersão, confusão mental, ansiedade, indecisão permanente. Por isso ele precisa ser ajudado pela família a fortalecer a vontade. O método mais eficaz para isso é despertar nele motivos valiosos para fazer as coisas, uma vez que os motivos são as alavancas da vontade.

Teste para diagnosticar a tempo se um filho está bebendo excessivamente e se precisa beber:

1. Você prefere beber sozinho em vez de beber com outras pessoas? (No caminho para o vício, geralmente começa-se a beber acompanhado e, depois, sozinho, para esconder essa fraqueza.)

2. Está tirando notas mais baixas na escola ou está sendo descuidado no trabalho? (O baixo rendimento escolar ou profissional de um jovem pode ser um sintoma de vício em álcool.)

3. Já tentou beber menos e não conseguiu?

4. Bebe de manhã, antes de ir para a aula ou para o trabalho? (Beber para "funcionar" é um dos piores sintomas.)

5. Bebe tudo de uma vez? (Caso de bebedor compulsivo que busca efeito rápido. As primeiras doses são "engolidas", e não bebidas.)

6. Perde a memória com frequência? (O consumo excessivo de álcool provoca lacunas mentais e esquecimentos.)

7. Mente sobre a maneira como bebe?

8. Costuma se meter em confusões quando bebe? (Bebedeiras habituais geralmente são acompanhadas de brigas e confrontos na rua.)

Do bebedor se espera o seguinte:

1. Reconhecer que tem um problema. Admitir que foi vencido pelo álcool.

2. Decidir mudar. Querer sair da situação em que se encontra.

3. Pedir ajuda (à família, aos amigos, a serviços especializados).

4. Comprometer-se a seguir um plano de reabilitação.

É muito importante ensinar os filhos a resolver seus problemas de outro modo (sem recorrer a ajudas artificiais).

O apoio afetivo da família e dos bons amigos é fundamental tanto na fase inicial do tratamento (conseguir uma mudança de atitude do doente) quanto na fase final da reabilitação (ajudar-lhe a perseverar). No tema da perseverança, é essencial despertar algum entusiasmo. De aprender algo, de concluir um projeto de estudo ou de trabalho, de amar uma pessoa e ser amado por ela (por exemplo, a noiva ou o noivo), de enriquecer-se com um plano de leituras, de fazer parte de um time de futebol ou de basquete, de fazer uma viagem, de escrever etc.

28

O VÍCIO EM CELULAR

O telefone celular, ou smartphone, deixou de ser um mero artefato tecnológico e se tornou um instrumento com grande impacto cultural e social que está mudando a nossa forma de viver. É muito difícil, para todos nós, encontrar o equilíbrio entre o celular como acessório e como modo de vida.

A tecnologia está deixando de ser vista como um instrumento para dominar o mundo; agora é apresentada como uma referência para o homem, com este chegando a lhe atribuir uma dimensão salvadora.

Quando se esquece de que a técnica é para o homem (e não o homem para a técnica), quando os recursos tecnológicos deixam de ser vistos como meio para se transformarem em fim, cria-se uma dependência pessoal que geralmente termina em vício.

O uso de celular tem efeitos contraditórios: oferece-nos a grande possibilidade de nos comunicarmos com qualquer um, a qualquer hora, mas pode nos isolar e nos tornar solitários.

O problema dos dependentes de celular não é o celular em si, já que este é uma ferramenta que pode ser usada para o bem ou para o mal, mas o seu mau uso. Quem tem controle sobre o celular cresce em liberdade; quem, ao contrário, vive pendurado no celular, transforma-se em escravo.

O celular é um prolongamento de nós mesmos, de nossa identidade, e não só na fase adolescente. O aparelho acompanha muitas pessoas em todas as horas e lugares — na cama, no banheiro, no carro e nas refeições; estão sempre penduradas no celular, esperando qualquer contato.

Não se separar do celular já é considerado um comportamento normal. Quem opta por consultá-lo somente em determinados horários é visto como estranho, sendo até criticado quando responde uma mensagem sem importância com meia hora de atraso.

O grande atrativo do aparelho para os adolescentes é oferecer-lhes uma resposta à sua necessidade de segurança e aceitação no grupo de seus iguais. Acreditam que com o celular fica mais fácil serem acolhidos e ter amigos. Essa crença é reforçada por uma publicidade que apresenta o celular como um instrumento de independência e libertação.

A dependência moderada do celular se transforma em vício quando passa a ser uma reação compulsiva e repetitiva. O vício em celular gera um comportamento irreprimível que nos impele a abandonar outras atividades, principalmente a leitura, a conversa e a convivência familiar. Diferentemente de outros vícios, a idade em que esse vício vazio se inicia é muito baixa.

Muitos pais se sentem mais tranquilos se os filhos têm um celular desde os 12 anos para ligar ou receber ligações quando estão fora de casa. Para esses pais, esse argumento é suficiente; eles não se preocupam com o possível mau uso do aparelho.

Os adolescentes e jovens viciados em celular sofrem mal-estar físico e psicológico (ansiedade, palpitações, sudorese) quando esquecem o celular em casa. O medo irracional de sair de casa sem o smartphone foi batizado como "nomofobia". O termo provém da expressão inglesa *no-mobile--phone phobia* (em tradução livre, "fobia da falta de celular").

Os especialistas falam da nomofobia como a nova doença do século XXI. Qual é o perfil do nomofóbico? Uma pessoa sem autoconfiança, com baixa autoestima e desprovida de habilidades sociais.

Embora os adultos também possam desenvolver esse transtorno, os adolescentes têm maior probabilidade de sofrê-lo, pois passam muitas horas conectados desde pequenos. São os "nativos digitais".

Os adolescentes atuais nasceram imersos em um meio digitalizado. Não conheceram a época em que as coisas eram produzidas com técnicas que hoje são consideradas primitivas. Não conseguem imaginar outras formas de comunicação que não sejam as virtuais. Essa predisposição favorece que eles passem facilmente do uso ao abuso, especialmente do tablet e do celular, o que costuma repercutir negativamente no rendimento escolar.

A prevenção contra esse vício deve ser feita desde cedo. Não se trata de proibir que os filhos usem smartphones, mas de explicar para eles a importância de seu uso correto. Algo que ajuda muito nesse sentido é viver as novas tecnologias em família.

Como os filhos geralmente imitam o comportamento dos pais, é fundamental ensinar com o exemplo. Aos pais compete priorizar a convivência familiar em vez do uso das tecnologias; fixar um tempo-limite de consumo diário; promover atividades de lazer saudável (brincadeiras, esportes, leitura…); ajudar os filhos a desenvolver autoestima e habilidades sociais que lhes permitam criar relações interpessoais.

29
AMIZADES APENAS VIRTUAIS

As amizades virtuais estão na moda, a ponto de substituir as amizades reais. As pessoas atribuem diversas vantagens às amizades virtuais em comparação às reais: é mais fácil entrar em contato com novos "amigos", abrir-se com eles e se desconectar na hora que quiser. Além disso, são mais numerosas e procedem de todo o mundo.

Mas também se reconhecem alguns inconvenientes: por conta da ausência física, é impossível viver uma relação de amizade genuína, que envolve escutar, compreender, compartilhar, ajudar quando o outro precisa; e existe menos envolvimento pessoal, conhecimento dos amigos e profundidade nos sentimentos.

O contato virtual, por si só, não é capaz de originar e manter uma verdadeira amizade consolidada pela virtude; por isso não pode assumir a função de substituir o ambiente familiar e social, mas limitar-se a ser um complemento de ambos.

Em uma tirinha humorística, vemos um velório em que há somente duas pessoas junto ao caixão do falecido. Uma delas diz à outra: "Ele tinha mais de 3 mil amigos no Facebook. Não devia ter mais gente aqui?"

Desde que as redes sociais nos convenceram de que tínhamos milhares de amigos, o conceito de amizade e a sua experiência foram progressivamente banalizados e desvalorizados. Tivemos de esperar até 2010 para que o antropólogo britânico Robin Dunbar publicasse um livro no qual afirma que o limite de pessoas com as quais o nosso cérebro consegue manter uma relação saudável é de 150. Após a publicação da obra, foi possível distinguir melhor entre "amigos" e "contatos".

Atualmente as amizades virtuais desvirtuam o significado real de amizade. Tentam reduzi-la a uma relação distante. Dentro desse contexto, os termos "amizade" e "amigo" são tão amplos que estão causando muita confusão. A amizade é entendida como uma simples projeção dos próprios desejos a partir de uma atitude individualista e narcisista. Busca-se com os amigos apenas uma gratificação imediata. O suposto "amigo" pode ser um estranho a serviço do nosso próprio ego.

Tentam vender a amizade entre desconhecidos que sequer veem o rosto um do outro como um artigo de consumo. A amizade deixou de ser o que era e se transformou em uma relação impessoal, passageira, frívola e distante. Por isso, é necessário recorrer à sua principal fonte, Aristóteles, para pensarmos sobre o assunto. As respostas do filósofo grego às quatro questões relacionadas a esse problema procedem de sua *Ética a Nicômaco*, escrita no século IV a.C.

Com a chegada da internet, a ideia de amizade se ampliou muito, gerando, consequentemente, muita confusão. O senhor concorda?

Com o objetivo de evitar possíveis más interpretações, diferenciei, desde o primeiro momento, a amizade perfeita da amizade ocasional (amizade aparente). A amizade perfeita se caracteriza pelo afeto desinteressado, pela benevolência recíproca e pela comunicação que visa ao bem mútuo dos amigos. Existe nela uma ajuda dos dois lados para o aperfeiçoamento pessoal. O amigo é amado por si mesmo, após ter sido conhecido através da convivência. Já na amizade aparente, os amigos agem em função do interesse, da utilidade ou do prazer. Não se amam por si mesmos, mas na medida em que um pode tirar benefícios do outro.

A amizade que consiste simplesmente em se divertir com o amigo está entre os tipos aceitáveis de amizade?

A verdadeira amizade envolve algo mais que o mero desfrute ou benefício mútuo. Enquanto o desejo de amizade é facilmente concebido, a amizade não é.

Com um critério oposto à forma de fazer amigos das gerações "não digitais", nas redes

sociais acredita-se que, quanto mais amigos tivermos, melhor. Qual é o correto?

Os amigos são limitados em quantidade, e é provável que o maior número corresponda àqueles com os quais se pode conviver — isso parece ser o melhor aspecto da amizade. Não é possível conviver com muitos nem se dividir entre muitos; e também é difícil compartilhar intimamente as alegrias e dores com a maioria dos amigos, porque, ao mesmo tempo, deve-se alegrar-se com uns e afligir-se com outros. Talvez seja correto não buscar muitos amigos, mas sim os necessários para o convívio. Aqueles que têm muitos amigos, e que tratam a todos com familiaridade, dão a impressão de não ser amigos de ninguém.

Aristóteles aprovaria as amizades virtuais?

As amizades virtuais estão na moda. Atribuem-se a elas várias vantagens em comparação com as amizades reais: é mais fácil contatar novos "amigos", abrir-se para eles e desconectar no momento em que se deseja; são muito mais numerosos e procedem de todo o mundo.

Também se reconhecem alguns inconvenientes: pela falta de presença física, é impossível realizar algumas funções típicas da amizade (escutar, compreender, compartilhar, ajudar quando o outro precisa); há menos envolvimento pessoal, conhecimento dos amigos e aprofundamento nos sentimentos.

As redes sociais, por si só, não são capazes de forjar e manter uma verdadeira amizade consolidada pela virtude; por isso, sua função não pode ser substituir o ambiente familiar e social, mas limitar-se a ser complementares a ambos.

Platão e Cícero abriram com páginas de ouro os escritos sobre o conceito de amizade. Por isso, é surpreendente que o mesmo não tenha ocorrido com o tema da *educação da amizade*. Isso me motivou a escrever e publicar *Educar para a amizade*.[1]

Suspeito que essa omissão esteja relacionada ao clichê segundo o qual a amizade é uma planta silvestre que surge e se desenvolve de forma espontânea e autossuficiente, sem necessidade de cultivo. Para ser um bom amigo e ter amigos verdadeiros, não seria necessário nenhum tipo de esforço, virtude ou orientação educativa; bastaria ser legal e simpático.

Muitos pais não estão conscientes das possibilidades e riscos que permeiam a vida de amizade de seus filhos, especialmente na adolescência e juventude. Uma boa prova disso é que, nas reuniões periódicas com o professor-tutor, eles costumam falar do rendimento nos estudos, mas nunca, ou quase nunca, das amizades.

---

[1] 2ª edição, São Paulo: Quadrante, 2023 — NE.

Os poucos pais que se interessam pelo assunto acabam se envolvendo tarde demais: quando os filhos adolescentes já têm um problema sério com algum amigo. Os jovens de hoje costumam ser mais precoces no que se refere a passar por experiências vitais, o que geralmente deixa os seus ingênuos pais "fora do jogo".

Se a educação pretende preparar para uma vida feliz, é fundamental formar os filhos a tempo para essa fonte de felicidade que é a amizade.

Que ideias e critérios básicos os pais precisam conhecer sobre a amizade e a sua educação?

A amizade é uma modalidade do amor. O traço específico da amizade é o afeto desinteressado: o amigo não é amado como algo útil ou prazeroso, mas de maneira altruísta.

Embora a amizade envolva afeto, o afeto não é o seu aspecto essencial. A essência da amizade é a convivência, visto que se orienta ao "tu": cada amigo vive para o outro. Se o afeto e a benevolência não são recíprocos, não há amizade. Aristóteles expressou isso de forma muito bela: a amizade é "dois caminhando juntos".

A essa pessoa escolhida livremente, e com a qual existe uma afinidade espiritual, o amigo dá não apenas algo do que tem ou faz, mas algo do que *é*, algo de si mesmo. Ao amigo é dado aquilo que é mais próprio e pessoal, o mais interior: a intimidade. A amizade envolve uma troca de confidências; uma comunicação leal e aberta dos segredos do coração; um presente da própria intimidade; uma revelação mútua da alma.

Na amizade existe um "código ético" não escrito: é preciso ser sincero, generoso, leal e respeitoso com o amigo. A amizade verdadeira é a virtude das virtudes.

Qual é a "prova de fogo" da amizade?

Uma delas é a do tempo. Se a amizade é verdadeira, perdura ao longo dos anos.

Outra prova: se a relação produz o aperfeiçoamento contínuo de ambos — como amigos e como pessoas —, é um sinal inequívoco de amizade verdadeira.

Uma terceira prova é a dos momentos difíceis. O bom amigo não se distancia quando a vida para de sorrir para o outro; o mau amigo se afasta.

Uma amizade autêntica é uma educação permanente. Há nela a presença de estímulos mútuos para a ação correta. Os pais "sábios" educam os seus filhos com a colaboração dos bons amigos de seus filhos.

Que possíveis objetivos educativos podem ser propostos aos pais no tema da amizade? Sugiro os seguintes:

1. *Que tenham amigos*

É preciso educar sem protecionismo, pois filhos dependentes não sabem se adaptar às necessidades dos demais. A tarefa inclui também o incentivo à abertura dos filhos: que saiam de casa e saiam de si mesmos, abrindo-se aos demais.

2. *Que tenham bons amigos*

É aconselhável pôr os filhos em contato com ambientes adequados: escolher bem o colégio e procurar fazer com que passem o tempo livre em lugares "saudáveis".

3. *Que sejam bons amigos*

Os pais devem descartar a ideia de que os maus amigos são sempre os filhos dos outros.
Alguns meios:
- O bom exemplo dos pais em sua vida de amizade.
- Livros que tragam histórias de verdadeira amizade.
- O desenvolvimento de virtudes especialmente necessárias para a vida de amizade.
- Tornar compatíveis a vida de amizade e a vida familiar.
- Pais e filhos adolescentes precisam de muita flexibilidade para garantir que a vida familiar não impeça a vida de amizade e vice-versa: um tempo para a família e um tempo para os amigos.

30

A DITADURA DAS MODAS

A moda é um costume majoritário de um grupo humano durante um curto período de tempo. Tradicionalmente, esteve relacionada quase tão somente ao vestuário, mas ao longo dos últimos séculos se estendeu a muitos outros aspectos da vida social. Pensemos, por exemplo, na moda atual das tatuagens, piercings e das capas de celular, adotadas tanto por jovens quanto por adultos.

Não abordarei aqui o mundo da moda têxtil, por ser uma realidade não comparável às demais. Advirto também que as minhas ressalvas ao fenômeno social da moda não se referem a modas "ruins", mas ao caráter impositivo e uniformizante da moda em si mesma.

Em alguns casos, as modas dos filhos procedem do exemplo de seus pais. Em uma tirinha de humor, vemos duas senhoras que conversam sentadas no banco de um parque. Uma delas lê um livro junto ao seu filho, que lê outro. A outra senhora está usando um tablet, enquanto o filho fala pelo celular. Surpresa, ela pergunta para a primeira mulher: "O que você faz para que o seu filho leia?"

Hoje, "estar na moda" significa mudar de estilo de vida com frequência (mudar ideias, crenças, valores, ideologias etc). As pessoas, em geral, acreditam que isso é se modernizar e se renovar, mas não reparam no risco de se uniformizar.

Para Gilles Lipovetsky, a moda é o império do efêmero. Nunca as referências e os valores foram tão volúveis, e a consequência disso é que quase tudo é provisório e relativo.

As modas não devem ser confundidas com as *tendências*. A tendência é uma ideia inovadora que alguém tem e que se transforma em preferência no que diz respeito a determinados fins; é uma forma nova e criativa de fazer as coisas. A moda, ao contrário, surge quando essa ideia é utilizada de forma massiva — não é criativa, mas repetitiva. Com frequência, algumas tendências boas se desvalorizam quando se transformam em modas. A moda de se comunicar pelo celular, por exemplo, pode acabar em vício.

Apesar de todos os riscos e inconvenientes da moda, por que elas têm tanta aceitação?

Em primeiro lugar, porque não nos atrevemos a estar com as minorias e os "dissidentes". Falta-nos personalidade e valentia para discordar das maiorias e nadar contra a corrente. Tendemos ao conformismo, a não complicar a vida.

Em segundo lugar, porque hoje toda a sociedade está afetada pelos ditames da moda, que nos

A DITADURA DAS MODAS

é apresentada como um paradigma do sistema: "A principal característica de nossas sociedades é a extraordinária disseminação da moda, sua extensão a esferas que antes eram alheias ao seu processo, o advento de uma sociedade reestruturada em todos os seus aspectos pela sedução do efêmero. [...] A moda conseguiu remodelar a sociedade à sua imagem. Vivemos em sociedades dominadas pela frivolidade" (G. Lipovetsky, *O império do efêmero*).

As decisões mais importantes de muitas pessoas estão condicionadas pelo que todo mundo faz. Trata-se de um comportamento gregário ou de arrastamento que proporciona uma falsa sensação de proteção e pertencimento. "A moda é uma mentira em que todo mundo quer acreditar. Embora ninguém nos obrigue, todos estamos sujeitos ao dever da moda, inclusive sem o saber, e até contra a nossa vontade. Com a obsessão do parecer, novos sintomas nascem e se proliferam em nossa sociedade, e as famosas 'tendências' justificam tudo" (G. Erner, *Vítimas da moda*).

Esse comportamento gregário chega a ser degradante em certos casos. Refiro-me ao chamado Efeito Manada ou Efeito Bandwagon. Os seus protagonistas são jovens imaturos e desajustados que precisam agir em conjunto para encobrir as suas carências e satisfazer os seus instintos.

Diante da excessiva dependência da moda, é fundamental fomentar, desde a infância, a autodeterminação, para que as pessoan adquiram o hábito de escolher de acordo com os próprios gostos e a própria personalidade. Mas também é necessário pedir aos criadores e divulgadores da moda que sejam mais respeitosos com os usuários: que passem da ditadura à proposta. "Se uma empresa olha para si mesma e não para o consumidor, ela acaba perdendo vendas. É preciso conhecer os gostos e motivações que levam o freguês a comprar. Os produtos não podem ser impostos" (Ramón Alas, diretor do grupo de tecnologia empresarial GFT).

Seria útil que aqueles que impõem as modas reflitam sobre esta definição: "A moda é o que sai de moda".

31
APOSTAS ESPORTIVAS E ADOLESCENTES VICIADOS EM JOGOS

Há uns três anos, a vida do jovem Roberto mudou completamente: um clique para baixar um aplicativo em que podia acompanhar os resultados das partidas de futebol e apostar ao vivo — um grande erro. Atualmente, como consequência de seu vício em jogo, além de adquirir dívidas e cometer furtos, ele perdeu o trabalho, a noiva e os amigos.

Os jogos de azar são uma verdadeira diversão quando há autocontrole e prazer, mas perdem a graça quando geram descontrole e mal-estar. No segundo caso, costuma iniciar-se um processo que se encaminha para o jogo patológico.

A ludopatia consiste em um impulso irreprimível de jogar apostando dinheiro. A Associação de Psicólogos dos Estados Unidos a considera um transtorno do controle dos impulsos. Para outros organismos, trata-se de um "vício sem substância". A Organização Mundial da Saúde (OMS) a reconheceu como uma doença.

As apostas esportivas *on-line* se transformaram na principal causa da queda de adolescentes e jovens no poço ludopatia. Por que essas apostas os atraem tanto? Por vários motivos: estão ligadas a espetáculos esportivos; são de fácil acesso e oferecem a possibilidade de se jogar anonimamente, ganhar dinheiro rápido e fazer apostas com poucas quantias.

Como reconhecer um caso de ludopatia? Os sintomas mais comuns: repetidas tentativas de abandonar o jogo sem conseguir; síndrome de abstinência quando não é possível jogar; segredo das apostas à família; tentativa de recuperar as perdas com mais apostas.

As casas de jogos são legalizadas e, além disso, proíbem menores de idade de apostar. Mas há um fato comprovado: as apostas esportivas começam em idades cada vez mais precoces. Aos 12 anos, muitos adolescentes estão apostando e muitos chegam a ser ludopatas. O que está acontecendo?

1. Os adolescentes se valem de estratégias para se registrar nos sites e casas de apostas. Recorrem, por exemplo, a amigos mais velhos: "Mesmo menor de idade, eu aposto em várias casas sem nenhum problema; uso o número de acesso de um amigo mais velho".

2. São pressionados pela publicidade sufocante e abusiva que os incita a experimentar as

apostas, incluindo a utilização de atletas de elite em campanhas publicitárias e o bombardeio de anúncios em transmissões esportivas e locais frequentados por espectadores de todas as idades.

3. Em alguns casos, as autoridades permitiram que casas de apostas se estabelecessem ao lado de colégios.

4. Os adolescentes são incentivados a apostar pela primeira vez através de "presentes" em dinheiro (uma quantia virtual que, para ser retirada, exige requisitos quase impossíveis, como investir em apostas arriscadas em um curto período de tempo).

5. Alguns estabelecimentos de apostas esportivas parecem bares, onde menores e maiores de idade de encontram para, supostamente, tomar uma cerveja. O encontro em um lugar de jogo camuflado possibilita que muitos menores acabem apostando com a ajuda de adultos.

É incompreensível a tolerância social e a passividade de alguns pais diante desse tipo de marketing do jogo e da falta de uma educação preventiva, vinculada à criação de bons hábitos no tempo livre. Os pais deveriam pelo menos colaborar com as associações de ex-ludopatas que defendem os seus filhos.

É preciso evitar que certas mensagens cheguem aos filhos no ambiente familiar, como, por exemplo, afirmar que ganhar na loteria ou no bingo resolveria todos os problemas. Ao contrário, é muito mais recomendável falar que o melhor prêmio é o trabalho e a economia, e que nos jogos de apostas sempre saímos perdendo no longo prazo.

Para combater a ludopatia, os especialistas aconselham combinar o tratamento personalizado com a terapia em grupo. "Jogadores Anônimos" é um tratamento similar ao dos "Alcoólicos Anônimos", baseado na ajuda mútua entre os pacientes.

A terapia cognitivo-comportamental reduz os sintomas e as urgências relacionadas ao jogo. Esse tipo de terapia se concentra na identificação dos processos mentais relacionados a uma possível ludopatia. Além disso, utiliza técnicas de aquisição de competências orientadas à recusa do jogo patológico e à prevenção de recaídas.

O fator decisivo para a cura da ludopatia é a vontade do paciente. Isso será alcançado com mais facilidade se a educação da vontade começou a ser desenvolvida na infância. Um objetivo básico é que o adolescente se habitue a dizer NÃO aos convites para apostar dinheiro. Só se recupera quem quer se recuperar.

32
O NOVO "CARPE DIEM"

Atualmente, é cada vez mais comum encontrar a expressão *Carpe diem* relacionada, por exemplo, uma discoteca, uma sala de massagem, uma marca de sorvetes ou de bebida. Hoje mesmo li a seguinte notícia: ontem foi celebrado o "Festival *Carpe diem*". Também está na moda tatuar a frase no braço. No entanto, a sua origem é muito longínqua: remonta a algumas das *Odes* escritas pelo poeta romano Horácio (65 a.C.–5 a.C.) para as pessoas angustiadas com a brevidade da vida e a incerteza do futuro. Horácio propõe a atitude do *Carpe diem*, que, em sua tradução, tem dois significados opostos entre si.

O primeiro é "aproveite o dia e o momento; viva como se cada dia fosse o último". É um convite a não deixar para amanhã o que podemos fazer hoje, a não desperdiçar o pouco tempo disponível e a se esforçar em tudo. Uma boa resposta à brevidade da vida é a do líder indiano Mahatma Gandhi: "Viva como se fosse morrer amanhã. Aprenda como se fosse viver para sempre."

O segundo significado é "aproveite o dia e o momento presente para desfrutar ao máximo dos prazeres sensíveis, sem pensar no futuro". Na linguagem cotidiana, essa ideia geralmente é expressa assim: "Bora curtir e ser feliz!" É a continuidade da mensagem hedonista dos filósofos epicuristas, que identificavam a felicidade com o prazer. Com o passar do tempo, esse comportamento se transformou em um tópico da literatura universal chegou até a nossa época, afetando sobretudo os adolescentes e jovens. Esse comportamento foi denominado por A. Polaino como "instantaneísmo hedonista". No entanto, sempre houve posturas críticas em relação a esse assunto, por considerar que é irresponsável preocupar-se apenas com o prazeroso presente sem pensar no futuro.

Aqueles que vivem segundo a filosofia hedonista do *Carpe diem* não pensam em economizar dinheiro ou se formar; fazem o que os agrada a todo momento sem avaliar as possíveis consequências. Os mais radicais concretizam essa filosofia de vida "vivendo ao máximo", soltando as rédeas dos instintos. Eles têm pressa em aproveitar a vida até a última gota, e acreditam que os fins justificam os meios. Essa postura reflete em comportamentos como o seguinte: "Corríamos como se não houvesse um ontem nem um amanhã. Como se tivéssemos de consumir o mundo inteiro a cada instante, por garantia, caso o futuro nunca chegasse" (María Dueñas).

Nas últimas décadas, a expressão *Carpe diem* se tornou muito popular devido ao filme *Sociedade dos Poetas Mortos* (1989), dirigido por Peter Weir. Um ano após a sua estreia, o filme foi premiado com um Oscar. O ator principal, Robin Williams, interpreta o professor Keating, que tenta incutir em seus alunos a filosofia de um *Carpe diem* não hedonista, baseado na saudável satisfação de aproveitar o tempo para fazer coisas valorosas. Isso significa ter entusiasmo por ser algo concreto na vida e começar a vivê-lo de algum modo.

Keating tenta fazer com que os seus alunos mudem de comportamento: que deixem de ser conformistas para ser protagonistas. Ele esclarece que o *Carpe diem* não é só mais uma frase feita. Para compreender o seu sentido, é preciso empregar a razão e aprender a enfrentar antecipadamente as possíveis consequências desse estilo de vida. Keating buscava libertar os seus alunos da mediocridade e fazê-los desejarem objetivos mais elevados, o que acabariam assumindo como um desafio e uma conquista pessoal.

A vontade de prazer não é má em si. O ruim é submeter-se irracionalmente a ela, sem nunca dizer não.

O filósofo espanhol Ricardo Yepes argumenta que o *Carpe diem* hedonista "não serve para a vida profissional, onde impera a seriedade e a lógica das tarefas a longo prazo. É, portanto, uma abordagem incompleta da vida, pois tampouco atende ao esforço, à dor, à limitação e à doença humanas, diante das quais está ameaçada pelo fatalismo. O hedonista, o homem focado na busca do prazer, carece de respostas diante do esforço e da dor. No fundo, acaba vivendo sempre assustado, pois o presente segue uma sucessão contínua no tempo, sobre a qual não tem nenhum domínio. É a lógica dos imaturos e dos irresponsáveis" (R. Yepes, *Fundamentos de Antropologia*).

    A atitude do *Carpe diem* guarda grandes possibilidades formativas quando interpretada como um desafio para se conquistar metas mais elevadas e valiosas na vida pessoal. Nesse caso, sua lembrança é uma boa notícia. Só não o é quando o medo paralisante do futuro é usado como desculpa para uma vida libertina e aburguesada.

REFERÊNCIAS BIBLIOGRÁFICAS

Caffarelli, C., *Cazadores de identidad*, Lumen, 2009.

Castillo, G., *Posibilidades y problemas de la edad juvenil*, eunsa, 1991.

_____. *Adolescencia. Mitos y enigmas*, Desclée de Brouwer, 2016.

_____. *El adolescente y sus retos*. Pirámide, 2009.

_____. *Retos educativos de los adolescentes posmodernos*, Eunate, 2017.

Catret, A., *Infancia y resiliencia, actividades y recursos ante el dolor*, Brief, 2008; Final do formulário.

Garrido, V., *Los hijos tiranos*, Ariel, 2005.

Giddens, A., *Las consecuencias perversas de la modernidad*, Anthropos, 1996.

Martí, M. A., *La intimidad*, eunsa, 1992.

Miralbell, E., *Cómo entender a los adolescentes*, eunsa, 1995

Polaino, A., *En busca de la autoestima perdida*, Desclée de Brouwer, 2.003

Prado, E. y Amaya, J., *Padres obedientes, hijos tiranos*, Trillas, 2009

Quintana, J. M., *El estrés, ¿descargarlo o prevenirlo?*, ccs, 2011.

URRA, J., *O pequeno ditador*, **Esfera dos livros**, 2010.

SCHUMAN, A., *Es no porque lo digo yo. Padres rehenes de hijos tiranos*, **Lumen**, 2001.

TOSCANO, M., *Actuar antes de que los hechos sucedan*, Arco Pres, 2000.

THIBON, G., *El equilibrio y la armonía*, RIALP, 1978.

YEPES, R. y ARANGUREN, J., *Fundamentos de Antropología*, EUNSA, 1997.

Direção geral
Renata Ferlin Sugai

Direção de aquisição
Hugo Langone

Direção editorial
Felipe Denardi

Produção editorial
Juliana Amato
Gabriela Haeitmann
Karine Santos
Ronaldo Vasconcelos
Roberto Martins

Capa
Karine Santos

Diagramação
Sérgio Ramalho

ESTE LIVRO ACABOU DE SE IMPRIMIR
A 10 DE SETEMBRO DE 2024,
EM PAPEL IVORY SLIM 65 g/m^2.